智能驾驶理论与实践系列丛书

无人驾驶感知智能

张 锐 主编

北京钢铁侠科技有限公司 编著

电子工业出版社

Publishing House of Electronics Industry

北京·BEIJING

内 容 简 介

由于目前无人驾驶学习成本较高，使得很多对无人驾驶感兴趣的初学者望而却步。本书基于开源的机器人操作系统（Robot Operating System，ROS），设计了一款开源的无人驾驶平台。书中针对初学者引入了ROS的基础框架，对开发工具、通信协议、功能包的应用等进行了介绍，帮助初学者尽快上手。针对有一定基础的人群，涉及了URDF建模、传感器使用和数据融合方法等内容。

本书从ROS基础、车辆建模基础、控制基础到传感器基础实验和数据融合，将涉及的每个知识点详细拆分讲解，涵盖多个案例，并且为所有代码提供了详细的注解，以从根本上满足读者的需求。

本书可供从事无人驾驶和移动机器人研究的科研工作者、高校教师及相关专业学生使用。

未经许可，不得以任何方式复制或抄袭本书之部分或全部内容。
版权所有，侵权必究。

图书在版编目（CIP）数据

无人驾驶感知智能 / 张锐主编. —北京：电子工业出版社，2023.5
（智能驾驶理论与实践系列丛书）
ISBN 978-7-121-45325-0

Ⅰ. ①无… Ⅱ. ①张… Ⅲ. ①无人驾驶 Ⅳ. ①U284.48

中国国家版本馆 CIP 数据核字（2023）第 055628 号

责任编辑：张　迪（zhangdi@phei.com.cn）
印　　刷：北京虎彩文化传播有限公司
装　　订：北京虎彩文化传播有限公司
出版发行：电子工业出版社
　　　　　北京市海淀区万寿路 173 信箱　邮编：100036
开　　本：787×980　1/16　印张：14.25　字数：310 千字
版　　次：2023 年 5 月第 1 版
印　　次：2024 年 4 月第 3 次印刷
定　　价：88.00 元

凡所购买电子工业出版社图书有缺损问题，请向购买书店调换。若书店售缺，请与本社发行部联系，联系及邮购电话：（010）88254888，88258888。

质量投诉请发邮件至 zlts@phei.com.cn，盗版侵权举报请发邮件至 dbqq@phei.com.cn。
本书咨询联系方式：zhangdi@phei.com.cn。

序

  从微软在 2014 年对 Windows XP 停止服务，到 2020 年对 Windows 7 停止服务，这就不仅需要我国加快推动国产操作系统的建设，也需要加强我国在开源软件生态中的话语权，提高国产软件的核心研发能力。

  现在，我们正处于进入辅助驾驶的重要阶段，这一阶段是实现无人驾驶的过渡期。也许三五年后，在路况较好的情况下，人们就可以坐在车内欣赏窗外的风景，只需要在拥堵等特殊情况下握住方向盘。相较于欧美国家，我国在无人驾驶技术研发方面稍有差距，但后劲却十足，这是因为无人驾驶需要基于大数据技术的高精度导航。

  包括操作系统在内的核心关键技术，我国是必须掌握的。关键核心技术要立足于自主创新、要自主可控，得到了国家层面的大力支持。希望在 IT 一线的科技工作者，要始终坚持关键核心技术不能受制于人的原则，加强产业链上下游的组织与协作，提升关键软硬件供给能力。北京钢铁侠科技有限公司（"钢铁侠科技"）在这方面做得比较成功。

  "钢铁侠科技"在理论积累和实践创新的基础上，编著了"智能驾驶理论与实践系列丛书"。该丛书涵盖无人驾驶感知智能、深度学习与机器人、ROS 与 ROS2 机器人操作系统开发等。丛书蕴含着"钢铁侠科技"多年的研发实践和成果积累，对从业者学习机器人编程基础、深度学习理论知识和无人驾驶实现方法有所裨益。

  《无人驾驶感知智能》是该丛书之一，详细讲述了无人驾驶中常用的传感器及其感知原理，并对信号处理与融合方法做了阐述。在"钢铁侠科技"成立 8 周年之际，迎来了该书的出版。若读者能从本书中受到启发，产生两三点新思想，实现与时俱进，则更是我期待看到的。

中国工程院院士

前言

北京钢铁侠科技有限公司从 2015 年开始研发移动机器人，包含腿式、轮式和轮腿变构三大类的产品。近 10 年的研发经验，让公司研发团队深深感悟到：对于无人系统，感知智能是让各类移动机器人产品走向实用化最重要的环节。

以无人驾驶车辆为例，出现所有交通事故的根源是感知不够智能。在机器人系统组成中，都是根据传感器获得内部姿态和外部环境信息的。但获得的信息，可能不准确，或者不能被机器人准确理解，从而增加了无人系统产生事故的风险。感知智能，正是让无人系统获得自主进行数据融合或修正的能力，进而获得系统需要的、更加准确的信息。

通过以上论述可以看出，感知智能包含两大部分：一部分是传感，让无人系统获取传感器的信息；另一部分是智能，让无人系统对传感器信息进行数据融合与状态估计，以获得更加适合的信息。然而，看似简单清晰的解决办法，却充满了挑战，目前还没有形成公认的最佳方案。无人驾驶感知智能的人才培养和工程实现还有很长的路要走。

在过去的 8 年里，全国有超过 500 所大学与北京钢铁侠科技有限公司（简称"钢铁侠科技"）进行过产学研项目合作。清华大学、北京理工大学、北京航空航天大学、山东大学、吉林大学等都是钢铁侠科技非常深入的合作伙伴。很多学校希望钢铁侠科技通过新兴的产业技术，为学校提供最新的教学平台，助力学校的科研教学和人才培养。可是受场地空间和科研平台成本的限制，很多学校尚未开展无人驾驶相关的教学和科研工作。为了解决这一困难，钢铁侠科技结合自身多年研发经验，推出了无人驾驶模拟沙盘和 ArtTable 感知智能实验平台，旨在让开发者以最少的投入掌握无人驾驶感知智能基本理论和实现方法，为日后工程开发打好知识和技能基础。

本书通过讲解 ROS 基础框架、开发工具、通信协议、功能包使用等知识，介绍无人驾驶主流传感器的使用，配合具体的例子，使读者可以快速理解无人驾驶传感设备的使用方法和感知智能的实现路径。

本书编委会由钢铁侠科技北京和青岛两地的研发团队组成，同时吸纳了全国数十位大学老师的建议。希望通过自己的微薄之力，帮助科研工作者、高校教师及相关专业学生，快速理解无人驾驶相关理论基础及实践方法，推进我国无人驾驶和智能机器人事业的快速发展。由于编者能力有限，书中难免有不足之处，烦请读者批评指正。

值此《无人驾驶感知智能》付诸出版之际，感谢公司研发团队的辛勤付出，感谢电子工业出版社张迪等老师的悉心指导，感谢北京市科学技术委员会、中关村科技园区管理委员会给予"高算力低功耗机器人步态控制器研制"和"高抗扰性目标检测技术及应用"两项科技重大专项支持，感谢以各种形式帮助我们的朋友们。钢铁侠科技向各位致以深深的谢意。

北京钢铁侠科技有限公司

2023 年 1 月 29 日

目录

第1章 绪论 ··· 1
1.1 无人驾驶国内外现状 ··· 1
1.1.1 国内研究现状 ·· 1
1.1.2 国外研究现状 ·· 4
1.2 感知智能研究现状 ·· 6
1.2.1 软件层面 ·· 6
1.2.2 硬件层面 ·· 7
1.3 感知智能系统的组成 ··· 12
1.3.1 介绍 ·· 12
1.3.2 意义 ·· 12
1.3.3 感知对象 ·· 14
1.4 面临的困难和挑战 ·· 14
1.5 基于 ROS 的无人驾驶技术 ··· 16

第2章 ROS 基础 ··· 19
2.1 ROS 的工程结构 ··· 19
2.1.1 工作空间（catkin workspace） ·· 20
2.1.2 功能包（package） ·· 20
2.1.3 文件类型 ·· 21
2.2 ROS 通信原理 ·· 22
2.2.1 话题通信模型 ·· 23
2.2.2 服务通信模型 ·· 24
2.2.3 动作通信模型 ·· 24
2.2.4 ROS 通信总结 ·· 25
2.3 实验操作 ·· 25
2.3.1 实验一 工作空间与功能包创建 ·· 25
2.3.2 实验二 ROS 通信原理实验 ··· 28

第 3 章　ArtTable 框架 ... 37
3.1　ArtTable 框架介绍 ... 37
3.2　ArtTable 框架使用 ... 39
3.2.1　Simulation（仿真模拟）功能 ... 39
3.2.2　LEDControl（LED 状态控制）功能 ... 40
3.2.3　MoveControl（运动学控制）功能 ... 42
3.2.4　Gmapping（地图构建）功能 ... 43

第 4 章　超声波传感器 ... 46
4.1　超声波传感器分类 ... 46
4.2　常用超声波传感器 HC-SR04 ... 47
4.2.1　参数特征 ... 47
4.2.2　工作原理 ... 47
4.2.3　使用方法 ... 48
4.3　超声波传感器 ROS 驱动 ... 54
4.4　超声波传感器 ROS 通信数据分析 ... 57
4.4.1　启动超声波传感器 ROS 程序 ... 57
4.4.2　查看超声波传感器 ROS 节点数据 ... 57

第 5 章　编码器传感器 ... 61
5.1　编码器分类 ... 61
5.1.1　增量型 ... 61
5.1.2　绝对值型 ... 63
5.1.3　混合型 ... 63
5.2　常用编码器 E6B2-CWZ6C ... 64
5.2.1　参数特征 ... 64
5.2.2　工作原理 ... 65
5.2.3　使用方法 ... 66
5.3　编码器 ROS 驱动 ... 69
5.4　编码器 ROS 通信数据分析 ... 79
5.4.1　启动编码器 ROS 节点程序 ... 79
5.4.2　查看传感器节点数据 ... 79

第 6 章　惯性传感器 ... 85
6.1　惯性传感器分类 ... 85

	6.1.1	角速度陀螺仪	86
	6.1.2	线加速度计	86
6.2		常用惯性传感器 9DoF Razor IMU	88
	6.2.1	参数特征	90
	6.2.2	工作原理	91
	6.2.3	使用方法	91
6.3		惯性传感器 ROS 驱动	116
6.4		惯性传感器 ROS 通信数据分析	117
	6.4.1	rotopic 查看 ROS 驱动发布话题	118
	6.4.2	分析话题数据 imu_data	119

第 7 章 视觉传感器 121

- 7.1 视觉传感器分类 121
- 7.2 常用视觉传感器 122
  - 7.2.1 参数特征 122
  - 7.2.2 工作原理 123
  - 7.2.3 使用方法 123
- 7.3 视觉传感器 ROS 通信驱动 134

第 8 章 雷达 144

- 8.1 雷达分类 144
  - 8.1.1 激光雷达概述 144
  - 8.1.2 激光雷达分类 147
- 8.2 常用激光雷达 152
  - 8.2.1 参数特征 152
  - 8.2.2 工作原理 153
  - 8.2.3 使用方法 154
- 8.3 激光雷达 ROS 通信驱动 158
- 8.4 激光雷达 ROS 通信数据分析 195

第 9 章 基于 ROS 的卡尔曼滤波 198

- 9.1 robot_pose_ekf 简介 198
- 9.2 如何使用扩展卡尔曼滤波器 198
  - 9.2.1 配置 198
  - 9.2.2 编译并运行包 199

9.3 节点解析 ··· 199
9.4 扩展卡尔曼滤波器如何工作 ··· 200

第10章 基于 ROS 的状态估计

10.1 robot_localization 介绍 ·· 202
10.2 robot_localization 特征 ·· 203
10.3 robot_localization 状态估计节点 ·· 203
    10.3.1 ekf_localization_node ·· 203
    10.3.2 ukf_localization_node ·· 203
    10.3.3 参数 ·· 203
10.4 准备数据 ·· 210
    10.4.1 RO 数据标准 ·· 210
    10.4.2 坐标系和转换传感器数据 ·· 210
    10.4.3 处理 tf_prefix ·· 211
    10.4.4 每种传感器消息类型的注意事项 ·· 211
    10.4.5 常见错误 ··· 212
10.5 robot_localization 配置 ·· 213
    10.5.1 传感器配置 ·· 213
    10.5.2 以 2D 运行 ··· 213
    10.5.3 融合不可测变量 ··· 214
    10.5.4 微分和相对参数 ··· 215

第1章 绪论

1.1 无人驾驶国内外现状

1.1.1 国内研究现状

本节将从政策、经济和技术3个方面剖析无人驾驶在中国的研究现状。

1. 政策方面

从政策方向看,我国对无人驾驶的重视程度不断提升,自 2020 年以来,政府公布了多项政策规划文件,如《汽车驾驶自动化分级》和《智能汽车创新发展战略》等,如图1.1所示。

图 1.1 我国无人驾驶行业的相关政策规划

近年来,我国无人驾驶行业的相关政策规划包括通信频段、技术规范、产业规划、标准体系和营商环境等。

（1）2018年，《车联网（智能网联汽车）直连通信使用5905～5925MHz频段的管理规定（征求意见稿）》提出：规划5905～5925MHz频段作为《基于LTE-V2X技术的车联网（智能网联汽车）直连通信的工作频段。

（2）2020年，《汽车驾驶自动化分类》中建议根据目前驾驶自动化系统能够执行动态驾驶任务的程度，根据执行动态驾驶任务的角色分配和是否存在设计运行条件，将驾驶自动化分为0～5级；《智能汽车创新发展战略》提出：2020年至2025年，我国标准智能汽车的技术创新、基础设施、产业生态、产品监管、法规标准和网络安全体系将基本形成。实现有条件无人驾驶智能汽车的规模化生产和特定环境下无人驾驶智能汽车的市场化应用；在《关于组织实施2020年新型基础设施建设工程（宽带网络和5G领域）的通知》的"5G+智能端口应用系统建设"创新应用改进项目中提到："以现场多通道视频的返回和垂直运输港口机械的远程控制为重点，完成港口的自动理货和港口禁区内集装箱卡车的无人驾驶，提高港口理货的准确性和效率，实现降本增效"；《2020年智能网联汽车标准化工作要点》提出：工业和信息化部（工信部）将加快完善智能互联车辆标准体系，实现《国家车联网（智能互联车辆）行业标准体系建设指导意见》第一阶段建设目标，形成支持辅助驾驶和低水平无人驾驶的智能互联车辆标准体系；《关于开展"百城百园"行动的通知》提出："开展'百园'先进技术成果的推广应用，以国家高新区等科技园区为主体，重点发展无人驾驶等新兴产业"；《公路工程顺应无人驾驶隶属设备整体手艺规范（收罗看法稿）》提出：为促进我国无人驾驶技术的发展，加快我国无人驾驶产业化进程具有重要意义。这也是第一个在国家层面发布的与无人驾驶相关的公路技术规范；《关于进一步优化营商环境更好服务市场主体的实施意见》指出，统一智能互联车辆无人驾驶功能测试标准，促进全国封闭式站点测试结果的共同认可，督促封闭式站点向社会公开测试服务项目和收费标准，简化测试通知的申请和更换程序，如果测试通知到达，但车辆状态没有改变，则无须重复测试，也无须直接延长时间限制；《国家车联网产业标准体系建设指南（车辆智能管理）》提出：针对未来发展趋势及道路交通管理行业应用需求和车联网产业发展技术，分阶段建立车辆智能管理标准体系，即到2022年年底，完成基础技术研究，制定和修订智能互联车辆登记管理、身份认证和安全领域的20多项关键标准；到2025年，形成支持车联网环境下车辆智能管理的标准体系，制定和修订道路交通运营管理、车路协同控制、服务等业务领域的60多项关键标准；《公路工程适应无人驾驶附属设施总体技术规范（征求意见稿）》提出：从通信设施、定位设施、交通控制、交通标志线和交通感知设施、引导设施、路边计算设施、能源供应和照明设施七个方面制定了具体的标准和规范。同时，对网络安全、高精度地图、无人驾驶检测和服务等软件方面也做出了标准规定；《国务院办公厅关于印发新能源汽车产业发展规划（2021—2035年）的通知》提出：到2025年，我国新能源汽车销量将达到新车总销量的20%左右，高度自主汽车将在有限的区域和特定场景下实现商业化，充电和更换服务的便利性将显著提高;根据《工业和信息化部支持湖南(长沙)创建国家级车联网先导区的回函》提出,试点区的主要任务和目标是结合 5G 和智慧城市建设,在重点高速公路和城市道路规模上部署蜂窝车联网 C-V2X 网络,完成重点区域交通设施车联网功能改造,提升核心系统容量,推动整个路网的规模化部署。营造丰富的场景创新环境,有效开发车辆终端用户,推动公交、出租车等公共服务车辆的首次安装和使用,大力推动创新技术和产品的应用;根据《智能网联汽车技术路线图 2.0》显示,中国将 2025 年搭载 L2、L3 级无人驾驶技术的汽车市占率要求从 25%提升至 50%,但对 L5 级完全无人驾驶技术的应用时间从 2025 年推迟至 2035 年。

(3)2021 年,印发《智能网联汽车道路测试与示范应用管理规范(试行)》,并于 2021 年 9 月 1 日实施。

2. 经济方面

随着国民经济环境的逐步改善,我国无人驾驶已进入快速发展的"黄金十年"。在投融资方面,自 2019 年以来,我国无人驾驶项目的融资事件数量和披露金额有所减少。然而,在 2020 年,随着无人驾驶轨道不断传来的好消息,其投资市场正在逐渐繁荣。全年项目投融资事件 60 起,披露投融资金额 436.3 亿元,其中威马汽车融资 100 亿元;2021 年 1 月至 9 月,无人驾驶项目已发生 58 起投融资事件,披露投融资金额超过 1000 亿元,如图 1.2 所示。

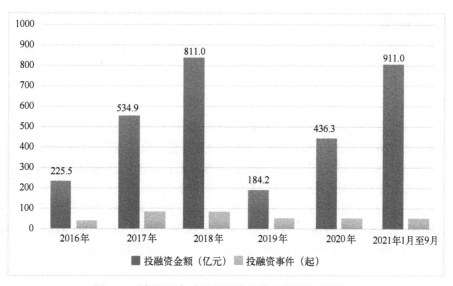

图 1.2 我国近几年来的投融资金额和投融资事件情况

3. 技术方面

与国外相比,我国对自主汽车的研究起步较晚,但发展迅速。目前,百度、长安等国内企业,以及国防科技大学、军事运输研究院等军事院校在自主汽车国内研发方面处于领先地位。例如,长安汽车股份有限公司已经实现了从重庆向北到北京的无人驾驶汽车长途行驶记录。百度汽车也在北京进行了首次自主汽车测试,并取得了成功。相关技术的快速发展无疑为未来的无人驾驶提供了强有力的技术支持。

2021年不仅是5G产业的关键节点,也是主机制造商和科技公司推出L3级以上无人驾驶技术的关键节点。5G将向人们展示一个万物互联的新时代。在无人驾驶方面,5G将充分发挥高精度地图的优势,提高无人驾驶服务水平。无人驾驶模块如图1.3所示。

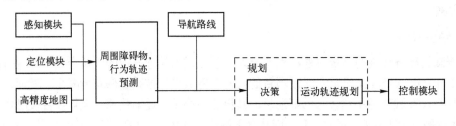

图1.3 无人驾驶模块

1.1.2 国外研究现状

国外关于无人驾驶的发展较早,在早年就已经提出了很多推动无人驾驶技术发展的政策和制度,并率先尝试将无人驾驶带入商业化,总体规划水平和技术水平领先。

1. 政策

全球部分国家和地区无人驾驶行业的相关政策规划如下。

(1)美国:2016年至2020年,分别发布了《联邦自动驾驶汽车政策》(AV1.0)、《自动驾驶系统2.0:安全愿景》(ADS2.0)、《准备迎接未来交通:自动驾驶汽车3.0》(AV3.0)、《确保美国自动驾驶汽车技术的领先地位:自动驾驶汽车4.0》(AV4.0)。

(2)欧盟:2015年提出GEAR2030战略,重点推进高度自动化和网联化驾驶领域合作。2018年发布《自动驾驶路线图:欧盟未来的驾驶战略》(On the Road to Automated Mobility: An EU Strategy for Mobility of the Future),计划在2030年步入以完全无人驾驶为标准的社会。

(3)联合国:联合国世界车辆法规协调论坛(WP.29)第181次全体会议在2020年6月表决通过了信息安全(Cyber Security)、软件升级(Software Updates),以及自动车道保持系统（Automated Lane Keeping Systems，ALKS）3 项智能网联汽车领域的重要法规。

（4）德国：于 2017 年 6 月通过《道路交通安全法》修正案，添加对自动驾驶的有关规定，如明确自动驾驶车辆驾驶员的义务。汽车产业是德国的支柱产业，其对于道路测试的规定较为谨慎、保守。2021 年 7 月 27 日，德国联邦发布《自动驾驶法》正式公报，该法律于 2021 年 7 月 28 日生效。规定，2022 年开始，德国将会允许具有 L4 级的自动驾驶车辆在德国的公共道路上和指定区域内行驶。而且当自动驾驶车辆在德国公共道路上和指定允许的区域进行完全自动驾驶时，并不需要人类驾驶员，或是安全监管人员等同行对车辆进行辅助驾驶或是安全监管。

（5）英国：2017 年 2 月，英国《汽车技术和航空法案》为自动驾驶汽车引入了新的保险规定，表明英国政府的立场是确保受害者可以从保险公司处获赔；2017 年 8 月，为了确保智能汽车的设计、开发及制造过程都将网络安全纳入考虑，英国运输部与英国国家基础设施保护中心（CPNI）共同制定了《联网和自动驾驶汽车网络安全关键原则》。2018 年 7 月，英国议会通过《自动和电动汽车法案》（Automated and Electric Vehicles Act），这是首部自动驾驶汽车的法案。

（6）日本：2018 年 9 月 12 日，日本国土交通省正式对外发布《自动驾驶汽车安全技术指南》，明确规定 L3、L4 级自动驾驶汽车的安全条件。而《路测指南》、《路测许可标准》及《安全指南》一并构建起了目前日本自动驾驶汽车路测的标准和安全制度。于 2017 年和 2019 年分别对《道路交通法》进行了两次修订，为商业化部署提供新的安全标准。同时，根据车家号援引汽车新闻说报道，日本计划于 2021—2030 年完成 L3、L4 级系统研发及市场应用。2019 年 5 月通过了《道路交通法》和《道路运输车辆法》的修正案，成为目前为止自动驾驶相关法律方面走在世界最前端的国家之一。2020 年 5 月，发布《实现自动驾驶的相关报告和方案》4.0 版，主要包括 3 个方面，即"自动驾驶服务的实现和普及路线图"、"先进无人驾驶技术的测试验证"和"政府部门与相关企业的合作"。

（7）瑞典：2017 年 7 月，瑞典《自动驾驶公共道路测试规范》正式生效，适用于高等级无人驾驶水平的汽车，包括部分、高度及完全自动驾驶汽车。

（8）法国：于 2016 年 3 月正式修订《维也纳道路交通公约》，允许自动驾驶技术应用到交通运输中。

（9）韩国：分别于 2020 年 5 月 1 日施行了《促进和支持自动驾驶汽车商业化法施行规则》、2020 年 6 月 9 日施行了《促进和支持自动驾驶汽车商业化法》，以及 2020 年 8 月 5 日施行了《促进和支持自动驾驶汽车商业化法施行令》。成为全球首个为 L3 级自动驾驶制定安全标准并制定商用化标准的国家。

2. 经济

近两年基于物流、智能网联汽车的出行服务等领域逐渐形成落地,多家公司尝试商业化运用。

全球首个自动驾驶出租服务:2018 年 12 月,Waymo 在美国凤凰城郊区推出了首个商业自动驾驶乘车服务 Waymo One,但对乘客和运营范围有所限制。2019 年年初,Waymo 新工厂落地密歇根,主要负责自动驾驶车辆的改装。

向政府提交豁免申请:针对现行不适用于自动驾驶的机动车安全规定,通用汽车 2018 年向交通运输部提交 16 项豁免说明,申请豁免,其中包含在没有方向盘和踏板的情况下,允许在路面上合法地进行自动驾驶汽车的测试。

2020 年上线 Robo-taxi 服务:特斯拉计划。

3. 技术

适用于传感器、高精度地图、基础设施、软件算法、执行部件、硬件处理器,它们之间的相互关系非常重要。因此,世界范围内都涌现出一批优秀的汽车厂商,其中包括国际知名厂商(如 NVIDIA、ARM、Xilinx、TI、NXP、Tesla)。在自动驾驶仿真测试软件方面,国外已经达到了世界一流的精度、稳定性和可靠性水平。

1.2 感知智能研究现状

本节内容主要从软件层面和硬件层面剖析无人驾驶技术,以理解无人驾驶在软件层面和硬件层面的感知、决策及控制,认识无人驾驶目前的主流硬件结构设计。

1.2.1 软件层面

无人驾驶主要包含 3 个系统:感知系统、决策系统及控制系统。

1. 感知系统

感知系统的作用是从激光雷达、毫米波雷达、超声波雷达、视觉传感器等设备中收集、存储传感器数据,为决策系统提供数据保障。在感知系统中,往往会对单个信号进行一定程度的滤波处理和对多个信号的融合处理,这部分工作是无人驾驶的研究重点。

2. 决策系统

决策系统的作用是将感知系统提供的数据带入设计好的算法进行决策,借以判断车辆所需的行驶方向、速度大小和启停状态。

3. 控制系统

控制系统的作用是根据决策系统发出的指令对整个车辆进行控制。

1.2.2 硬件层面

硬件平台直接决定了无人驾驶汽车感知环境、计算能力和能量损耗的能力,决定了无人驾驶汽车整体的鲁棒性和安全性。

从以上内容来看,无人驾驶硬件平台主要包括感知平台、计算平台和控制平台。

1. 感知平台

感知平台的作用是使用各种传感器检测环境数据,并上传至感知系统,包括激光雷达、超声波雷达、红外线传感器、摄像头、惯导、电机编码器和北斗 GPS 等。

2. 计算平台

计算平台的作用是当硬件传感器接收到环境信息后,数据会被导入计算平台,由不同的芯片进行运算。计算平台的设计直接影响无人驾驶系统的实时性和鲁棒性,包括 GPU、DSP、FPGA、ASIC 等。

3. 控制平台

控制平台的作用是用电信号控制车辆的制动、转向、动力系统,包括电子控制单元(ECU)与通信总线两大部分。其中,ECU 主要实现控制算法;通信总线主要实现 ECU 和机械部件间的通信功能。

1)ECU

(1)简介。

Electronic Control Unit,俗称"车载电脑",它是一种用于汽车的专用微机控制器,也被称为汽车专用电脑。当发动机工作时,ECU 收集每个传感器的信号,执行操作,并将操作结果转化为控制信号,以控制被控对象的工作。

(2)使用场景。

发动机工作时,ECU 程序将不断对采集到的传感器信号进行比较和计算,比较和计算的结果将由发动机点火、废气再循环、怠速等控制,具有故障自诊断和故障保护的功能。

在驾驶过程中,存储器不断记录车辆行驶过程中的数据,成为一种 ECU 学习程序,为适应驾驶习惯提供最优控制,在业界也被称为自适应程序。

高级轿车里有不止一个 ECU,为了提高安全系数,高级轿车常用的固化系统分为主动悬架系统、防抱死制动系统、电控自动变速器、四轮驱动系统、安全气囊系统和多向可调电控座椅等,每个系统都配有自己的 ECU,可以快速处理车辆收集的数据,并通过计算对车辆系统进行快速控制。

当然,随着汽车越来越轿车电子化、自动化,线路越来越复杂,ECU 也会越来越多。以宝马、奔驰、奥迪为例，在各自的高阶车款中，都有超过 100 款的电子控制单元。ECU 通常在 16~16.5V 的电压范围内工作（关键点有内部稳压装置），工作电流为 0.015~0.1A，工作温度为-40~80℃，能承受高达 1000Hz 的振动，损坏率非常低。

2）通信总线

无人驾驶的最终目的是代替人类进行驾驶，这就导致了无人驾驶技术需要达到非常苛刻的要求。就通信方面，无人驾驶的反应速度需要做到与人一样，甚至更快，这就需要选择一个理想的通信方式，只有在通信上达到实时的状态，无人驾驶汽车才有安全可言，所以接下来的内容将从 CAN 通信协议、MOST 通信协议、FlexRay 通信协议和 LIN 通信协议具体介绍其特点，了解通信协议在无人驾驶上所占有的地位。

（1）CAN 通信协议。

借助 CAN 通信协议，如图 1.4 所示，很多汽车公司都在车内设置了上百个 ECU，形成了一个区域网，有效解决了线路信息传递的复杂化。通用、沃尔沃、特斯拉和其他车型也支持远程控制。远程控制的工作原理是，将手机或计算机发出的指令发送到伺服器，然后将指令转发至车载通信模块，再由通信模块在接收指令时通过 CAN 总线将指令转发至各个 ECU。

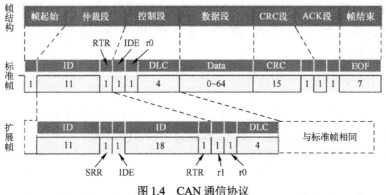

图 1.4 CAN 通信协议

目前，CAN 总线在汽车总线网络市场的主导地位依然存在。由于 CAN 总线技术的成熟，大多数硬件通信协议都是基于 CAN 总线设计的，采用 CAN 总线通信可以降低无人驾驶车辆的开发难度。

那么 CAN 总线通信协议有哪些优势呢？接下来，我们将详细介绍 CAN 总线通信协议。

CAN 总线是德国博世公司在 20 世纪 80 年代初开发的一种串行数据通信协议，用于解决现代汽车中许多控制和测试仪器之间的数据交换问题。

它的短帧数据结构、无损总线性仲裁技术和灵活的通信方式符合汽车的实时性和可靠性要求。CAN 总线可分为高速和低速，高速 CAN 总线的最大速度为 1Mbps（C 级总线），低速

CAN 总线的最大速度为 250kbps（B 类总线）。

CAN 总线通常是线型结构的，即所有节点与总线并联。因此，当一个节点损坏时，其他节点仍然工作。但是，当总线的一部分发生短路时，总线不能工作。

CAN 总线采用的是 CSMA/CA（Carrier Sense Multiple Access with Collision Avoidance）机制。每个节点都会一直监听总线，并在发现自己空闲时开始发送数据。

当多个节点同时发送数据时，它们通过一组仲裁机制争夺总线。每个节点将首先发送数据的 ID，较小的 ID 意味着较高的优先级，而较高的优先级自动覆盖较小的 ID。当一个节点发现它发送的 ID 被重写时，它知道正在发送优先级较高的消息，并自动停止发送。

优先级最高的消息获得总线使用权并开始发送数据。当发送高优先级的数据包时，节点试图再次与总线竞争。一次又一次。这就充分利用了总线的优势。缺点是有一个时效延迟，优先级越低，等待的时间可能越长。

尽管 CAN 总线总体上可以满足无人驾驶汽车的实时发送，但就 CAN 总线的仲裁计值而言，CAN 总线并不是实时总线。因为当 CAN 总线上的节点在当前发送的数据中发现错误时，它会发送一个错误帧来通知总线上的所有节点。发送错误数据的节点被重新发布。每个节点都有一个错误计数器，当一个节点总是发送或接收超过一定数量的错误时，它将自动退出总线。

（2）MOST 和 FlexRay 通信协议。

随着技术的进步，汽车内部呈爆炸式增长。特别是随着大屏幕技术的普及和流媒体技术的介入，CAN 总线在某些时候已经"力不从心"，无法工作。因此，开发了更先进的通信协议，如 MOST、FlexRay 和以太网。这些协议标准具有更大的带宽和更大的稳定性，保证了硬件高速通信的能力，以及在大屏幕上图像显示和音频输出的能力。

其中，MOST 是一种高速多媒体传输接口，MOST 节点的标准配置如图 1.5 所示，专门为汽车内部的一些视频提供传输和高码率音频，MOST 总线的数据类型如图 1.6 所示。

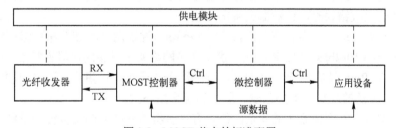

图 1.5 MOST 节点的标准配置

FlexRay 总线采用 TDMA（Time Division Multiple Access）和 FTDMA（Flexible Time Division Multiple Access）两种周期通信方法。FlexRay 将通信周期分为静态、动态和网络空闲时间。

静态部分使用 TDMA 方法，其中每个节点均匀分布时间片，每个节点只能在自己的时间片内发送消息,即使一个节点目前没有要发送的消息(这会导致一定程度的总线资源浪费),该时间片仍然存在。

使用动态部分中的 FTDMA 方法,依次询问每个节点是否有消息要发送,以及是否有消息要跳过。静态部分用于发送需要频繁发送的重要数据,动态部分用于发送频率不确定且重要性相对较低的数据。

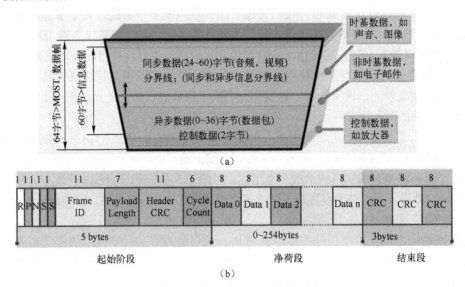

图 1.6 MOST 总线的数据类型

当 FlexRay 总线通信期间发生数据错误时,循环期间接收的所有数据都将被丢弃,但不存在重发机制。所有节点将在下一个周期继续进行通信。FlexRay 也有一个错误计数器,当一个节点发送太多的接收错误时,计数器会跳出总线。

FlexRay 具有高速、可靠、安全的特点。FlexRay 通过两个单独的总线进行物理通信,每个总线的数据速率 10Mbps。FlexRay 还提供了许多网络所不具备的可靠性特点。

特别是 FlexRay 具有冗余通信能力,能够通过硬件和进度监测完全复制网络配置。FlexRay 还提供灵活的配置,支持总线、星型和混合拓扑。

FlexRay 本身不能保证系统的安全,但它有许多特性支持面向安全性的系统设计,如线控系统。

FlexRay 最大的优点是 FlexRay 协议确保信息延迟抖动保持在最低限度,使传输同步可预测,即使在恶劣和多变的行车环境中也不会干扰系统传输。这对于需要连续高速性能的应用非常重要,如线控刹车和线控转向。

宝马在 07X5 系列的电子控制减震器系统中首次使用了 FlexRay 技术。该车使用基于飞思卡尔的微控制器和恩智浦的收发器，监测纵向和横向加速度、车辆速度、车身和轮胎加速度、方向盘角度和行驶高度的数据，尽量减少轮胎的负荷变动和底盘的振动，以提高乘坐舒适性、安全性和高速响应性。

（3）LIN 通信协议。

LIN 通信协议如图 1.7 所示，汽车工业仍在努力弥补 CAN 协议的一些缺陷。与 CAN 相比，LIN 带宽更小，承载的数据量更少，而且成本更低，适用于简单的 ECU 场景，如电动门窗、座椅调节和灯光照明控制。LIN 是一种低成本、低速度的低速串行通信总线，适用于汽车中的汽车低端分布式应用。它的目标是通过为现有的汽车网络提供辅助功能并在没有 CAN 总线的带宽和多功能的情况下使用它们来降低成本。

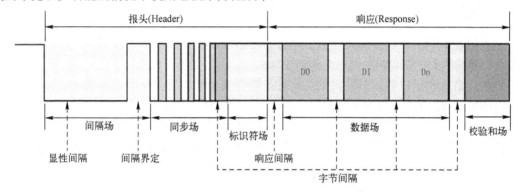

图 1.7　LIN 通信协议

与 CAN 相比，LIN 的成本节省主要是由于单线传输、硅片软硬件的低实现成本，以及不需要在从属节点中使用石英或陶瓷谐振器。这些优势是以带宽低和单宿主总线访问方法受限为代价的。LIN 使用单一的主控制器与多个模式的设备，只需要一个 12V 的信号线之间的一级和二级设备。低速网络主要针对"传感器/执行器控制"，可提供高达 20Kbps 的速度。

一个典型的 LIN 网络可以有 12 个节点。以门窗控制为例，有门锁、车窗玻璃开关、车窗升降电机、操作按钮等，所有这些都需要一个 LIN 网络来连接。通过 CAN 网关，LIN 网络还可以与其他汽车系统进行信息交换，实现更丰富的功能。

LIN 由一个宿主节点（Master）和一个或多个从属节点（Slave）组成。所有节点都包含一个被分解为发送和接收任务的从属通信任务，并且宿主节点还包含一个额外的宿主发送任务。在实时 LIN 中，通信总是由宿主任务发起的。LIN 网络中的节点不使用主机节点名称以外的任何有关系统设置的信息。可以将节点添加到 LIN，而不需要其他依赖节点更改硬件和软件。宿主节点发送包含同步中断、同步字节和消息标识符的消息头。在接收和过滤 PIN 并开始消息响应的传输后，启动从属任务。响应由 2 个、4 个或 8 个数据字节和一个检查字节组成。报头和响应部分构成消息帧。

LIN 总线上的所有通信均由主机节点中的主机任务发起，主机任务根据进度表确定当前通信内容，发送相应的帧头，并将帧通道分配给报文帧。在从从机节点接收到帧头之后，总线通过解释标识符来决定是否响应当前通信，以及如何响应当前通信。基于这种报文滤波方式，LIN 可以实现多种数据传输模式，一个报文帧可以被多个节点同时接收和使用。

1.3 感知智能系统的组成

1.3.1 介绍

无人驾驶车辆的感知智能系统由多个传感器组成，收集数据并过滤噪声，最后将所有数据融合，将输出的位姿和状态信息上传到计算机上，供决策模块使用。

相机、雷达和定位导航系统向无人驾驶车辆提供大量的周边环境和自我状态数据，这些数据以图像和点云的形式包含大量与驾驶活动有关的信息。选择性作为人类自然感知的重要特征，可以帮助无人驾驶车辆关注当前的驾驶行为，确保无人驾驶的安全性和实时性。环境感知要求按照近目标优先、大尺度优先、动态优先和差异性优先的原则，利用相关感知技术有选择地处理环境信息。无人驾驶车辆感知智能系统的组成如图 1.8 所示。

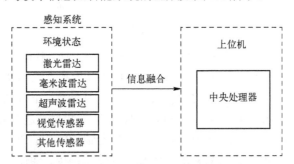

图 1.8　无人驾驶车辆感知智能系统的组成

1.3.2 意义

人类驾驶员的视野范围有限，存在很多驾驶盲区，安装在无人驾驶车辆上的每一种传感器也都有自己的感知盲区。事实上，这些区域只是相对于某一特定时刻而言的，当车辆向前移动时，可能会产生新的盲区。在无人驾驶中，多种传感器和时序关联的感知技术相结合，可以缩小感知盲区的范围，一般不会影响正常驾驶。

以人体为例，人们有触觉、嗅觉、视觉、听觉、味觉，大脑需要收集这些感觉来识别身体的位置、周围环境的噪音、食物的好坏、花的好坏等。如果没有这些感觉，人们就像无脑苍蝇一样，汽车也是如此。环境感知在无人驾驶领域中起着巨大的作用。

无人驾驶车辆首先对环境信息和车内信息进行收集、处理和分析，然后将其作为车辆控制的决策因素，通过这种方式对信息进行反复提取和计算，以确保车辆的安全，因此，高精度、快速反应的传感器也将对无人驾驶车辆的安全系数起到决定性的作用。

无人驾驶车辆获取和处理环境信息，主要用于状态感知和 V2X 网联通信。状态感知主要通过车载传感器收集和处理有关车辆周围环境的信息，包括交通状态感知和车身状态感知。

交通状态感知功能的实现依赖于环境感知传感器和相应的感知技术。根据交通环境信息的获取情况，这些传感器可分为两类。

（1）被动环境传感器：本身不发出信号，但通过接收外部反射或辐射的信号接收环境信息，包括相机等视觉传感器和麦克风阵列等听觉传感器。

（2）主动环境传感器：主要是激光雷达、毫米波雷达和超声波雷达主动向外部环境传递环境感知信号。

车身状态感知功能的实现主要基于全球定位系统（GPS）、北斗卫星导航系统（Bei Dou Navigation Satellite System，BDS）、惯性导航系统（Inertial Navigation System，INS）和其他旨在获取车辆行驶速度、姿态和位置信息的装置，以便为无人驾驶车辆的定位和导航提供有效数据。

无人驾驶环境感知的硬件设备有很多，包括相机、激光雷达、毫米波雷达、超声波雷达、GPS、BDS、INS 等。目前，智能车的配置方案往往是多种型号或类型的组合。由于道路环境、天气环境和无人驾驶车辆本身运动特性的多样性和复杂性，相机容易受到光照、视角、尺度、阴影、污渍、背景干扰和目标遮挡等诸多不确定因素的影响。在驾驶过程中，车道线、交通灯等交通要素都有一定的磨损，反光是常态，所以没有完美的相机。雷达光照和色彩干扰机具有很强的鲁棒性，激光雷达、毫米波雷达和超声波雷达都有各自的优势。但是，无论安装多少种的雷达，还是采用高采样速率的雷达，都无法彻底解决凹坑反射、烟尘干扰、雨雪大雾等恶劣天气条件下的探测等问题，也难以实现真正意义上的全天候、全三维雷达。定位导航系统为无人驾驶提供高精度、高可靠定位的导航和授时服务，RTK（RealTime Kinematic）+INS 的组合为实时精准定位和位置精度维护提供了重要基础。然而，无论位置服务的公共平台有多好，陀螺精度有多高，都存在采样频率不够、地理环境过于复杂、初始化时间过长、卫星信号故障等问题，定位导航系统始终存在缺陷。

可见，没有完美的感知设备，设备不理想是常态，亦没有完美的设备组合方案。但是，对于不同的驾驶任务，需要不同类型的感知设备，不一定要配置最齐全、数量最多、价格最昂贵感知设备来完成驾驶任务任务需求，而是要选择合适的感知设备并将其组合起来，以达到最佳的配置。

1.3.3 感知对象

感知对象主要包括路面检测、静态物体和动态物体三个方面，涉及道路边界检测、障碍物检测、车辆检测、行人检测等。特别是，对于动态物体，不仅需要检测该物体的当前位置，还需要跟踪其轨道并根据追踪结果预测该物体的下一个位置，以便提前预判和改进决策响应。

1.4 面临的困难和挑战

无人驾驶感知面临的困难和挑战有以下几点。

（1）感知场景是复杂的。感知不仅要识别出常见的车辆、拥挤的行人、自行车等，也要识别出一些标志物、警示物、施工点和动物等，如图 1.9 所示。

图 1.9 感知场景的复杂性

（2）类内差异大。虽然都是货车和摩托车，但是外观差异很大，如图 1.10 所示。

图 1.10 类内的差异性

（3）类间差异小。如图 1.11 所示是激光雷达得到的点云数据，由于缺少了纹理信息，货车、公交车等车在激光雷达中看到的区别很小。

（4）未定义的类别。如图 1.12 所示，感知过程中会有一些诸如倒下的单车、轮胎、玩具等未定义的物体出现。

（5）恶劣天气影响。如图 1.13 所示，这些天气对激光雷达和 RGB 摄像头的成像都会有较大影响。

第 1 章　绪论

图 1.11　激光雷达得到的点云数据

图 1.12　未定义的类别　　　　　　图 1.13　恶劣天气的影响

（6）噪声。如图 1.14 所示，在汽车行驶的过程中，不仅有传感器的噪声，也会有环境的噪声，如路面溅起的水花、扬起的灰尘。

图 1.14　噪声

（7）移动端的实时性和功耗。无人驾驶的算法复杂，传感器获得的数据量多，但由于功耗限制，无人驾驶车载计算单元的算力非常有限，同时无人驾驶需要满足低延时的要求。所以，要求感知模块需要在有限算力的基础上对数据进行实时处理。

1.5 基于 ROS 的无人驾驶技术

ROS 是一个功能强大、灵活的机器人编程框架，从软件构架的角度来看，它是一个基于消息传递通信的分布式多进程框架。机器人行业长期以来一直在使用开源贡献者开发的许多著名机器人开源库，如基于 quaternion 的坐标转换、3D 点云处理驱动和定位算法 SLAM。

由于 ROS 本身基于消息机制，开发者可以根据功能将软件分解成模块，每个模块只负责读取和分发消息，模块间通过消息关联。如图 3 所示，最左边的节点可能负责读取硬件驱动（如 Kinect）中的数据，该驱动器被打包为消息，ROS 底层识别并分发到消息的用户。本书主要使用的是 ROS 的 melodic 版本，各版本的 ROS 如图 1.15 所示。

图 1.15　各版本的 ROS

ROS 1.0 源自 Willow Garage PR2 项目，由 ROS Master、ROS Code 和 ROS Service 三大部分组成。其中，ROS Master 的主要功能是为服务命名，它存储启动运行时所需的参数、消息发布的上游节点和接收的下游节点的连接名与连接方式，以及现有 ROS 服务的连接名；ROS Code 是真正的执行模块，它处理传入消息并向下游节点释放新消息；ROS Service 是一个特殊的 ROS 节点，它相当于一个接受请求并返回请求结果的服务节点。

对 ROS 2.0 的改进主要是为了使 ROS 能够达到工业级的操作标准，采用了数据分发服务（DDS），这是一种工业级别的中间件，负责可靠的通信、动态发现通信节点，以及通过共享内存（Shared Memory）提高通信效率。采用 DDS 技术，所有节点的通信拓扑结构都依赖于动态 P2P 的自发现模式，从而消除了中间中心节点 Master。

在无人车驾驶系统中，仍然可以选择 ROS 1.0 而不是 ROS 2.0，主要考虑以下几点。

（1）ROS 2.0 是一个正在开发的框架，许多功能仍然不完整，需要更多的测试和验证。在无人驾驶环境中，稳定性和安全性是最重要的，必须在经过验证的稳定系统的基础上，确保系统的稳定性、安全性和性能，以满足无人车的要求。

（2）DDS 本身成本较高。我们发现在一般的 ROS 通信场景（100K 发送端接收通信）中，DDS 的 ROS 吞吐量不如 ROS，这主要是因为 DDS 框架本身比 ROS 更昂贵，而且使用 DDS 后 CPU 的占用率明显较高。然而，随着 DDS 的使用，ROS 的高优先级吞吐率和组播能力显著提高。

（3）DDS 接口的复杂性。DDS 本身是一个庞大的系统，具有极其复杂的接口定义和薄弱的文档支持。

如上所述，系统可靠性是无人驾驶系统最重要的特征。我们来看几个场景：

（1）ROS Master 在系统运行过程中出现错误，导致系统崩溃；

（2）其中一个 ROS 节点出现错误，导致系统功能部分丧失。

这些情况中的任何一种都可能在无人驾驶环境中造成严重后果。在工业领域应用中，可靠性是 ROS 的一个非常重要的设计考量，但目前的 ROS 设计并没有充分考虑到这一点。下文将讨论实时系统所涉及的一些要素。

ROS 的重要节点需要热备份，以便在停机时可以切换。在 ROS 1.0 的设计中，主节点维护系统工作所需的连接、参数和主题信息。如果 ROS 1.0 的主节点崩溃，系统可能无法正常工作。有许多去中心化的解决方案可以在一个主从节点（类似于 ZooKeeper）中实现，它需要对主节点的书面信息进行备份，然后将其切换到主备份节点，并在主节点关闭时使用备份主节点的信息进行初始化。

对运行中的节点进行实时监控，发现严重错误信息及时报警。目前，ROS 没有对监控进行很多结构性思考，但这是最重要的方面。对于运行时的节点，监视它们的运行数据，如应用层统计信息、运行状态等，有利于将来的调试、错误追踪等。

从软件构架来看，实时监控主要分为 3 个部分。

（1）ROS 节点层监控数据 API，允许开发人员通过统一的 API 需要记录的统计信息。

（2）监控服务端定期接收节点的监控数据（用于紧急警报，节点可以将消息推送到监控服务）。

（3）监控服务端能够访问来自节点的数据。

监控服务端获取监控数据后，对数据进行整合、分析和记录，发现异常信息及时报警。

在发生节点宕机的情况下，需要通过重新启动机制来恢复节点，这种重新启动可能是无状态的，但在某些情况下也必须是无状态的，所以状态的备份尤为重要。节点中断检测也很重要，如果检测到节点中断，必须使用备份数据快速重新启动，该功能已在 ZooKeeper 框架中实现。

由于无人驾驶系统的模块众多，各模块之间的信息交互频繁，所以提高系统的通信性能将大大提高整个系统的性能。提高性能的方法主要有 3 种。

（1）同一机器上的 ROS 节点之间的当前通信使用网络栈的 Loop-Back 机制，这意味着每个数据包需要经过多层软件栈的多层处理，造成不必要的延时（每次约 $20\mu s$）和资源消耗。为了解决这个问题，可以使用共享内存将数据 memory-map 到内存中，然后只传输数据的地址和大小，从而将数据传输延时限制在 $20\mu s$ 以内，节省了大量的 CPU 资源。

（2）现在，当 ROS 进行数据广播（Broadcast）时，基本的实现实际上是使用多播（Multipleunicast）机制，或多个点对点传输。如果将数据传递给 5 个节点，则相同的数据将被复制 5 份，这就造成了资源的极大浪费，尤其是内存资源。此外，这将对通信系统的吞吐量将会造成很大的压力。要解决这个问题，可以使用组播（Multicast）机制：在发送节点和每个接收节点之间进行点对点的网络连接。如果一个发送节点同时向多个接收节点传输相同的数据，只需复制相同的数据包即可。组播机制提高了数据传送效率，降低了骨干网络拥塞的可能性。

（3）通过对 ROS 通信栈的研究，发现在数据序列化和反序列化的过程中，通信延时的损失很大。序列化将内存中对象的状态信息转换为可以存储或传输的形式。在序列化期间，对象将其当前状态写入临时或持久性存储区，然后通过从存储区中读取或反序列化对象的状态来重新创建对象。要解决这个问题，开发者可以使用一个轻量级序列化程序，将序列化延时降低 50%。

如何解决资源的配置和安全问题，是无人驾驶技术中的一大难题。想象一下两个简单的攻击场景：

（1）其中一个 ROS 节点被劫持，内存被连续分配，导致系统内存不足，导致系统进入 OOM，开始关闭不同的 ROS 节点进程，导致整个无人驾驶系统崩溃。

（2）ROS 的主题（Topic）或服务器（Service）被劫持，ROS 节点之间的信息传递被篡改，导致无人驾驶系统行为异常。

开发者可以使用 Linux Container（LXC）管理每个 ROS 节点进程。简单地说，LXC 提供轻量级的虚拟化以隔离进程和资源，而不需要提供指令解释机制和其他复杂特性，如全虚拟化（相当于 C++中的 NameSpace）。LXC 将由单个操作系统管理的资源有效地划分为孤立的群组，以更好地平衡孤立组之间相互冲突的资源使用需求。LXC 在无人驾驶场景中的最大优势是性能损耗小，发现 LXC 在运行时只造成大约 5%的 CPU 损耗。

除资源限制外，LXC 还提供沙盒支持，允许系统限制 ROS 节点进程的权限。为了防止危险的 ROS 节点进程干扰其他 ROS 节点进程的运行，沙盒技术可以限制潜在危险的 ROS 节点对磁盘、内存和网络资源的访问。为了防止通信劫持，ROS 还实现了一个轻量级加密解密机制，以防止黑客重播或更改通信内容。

为了保证一个复杂系统的稳定高效运行，每个模块都能充分发挥其潜力，需要一个成熟有效的管理机制。在无人驾驶场景中，ROS 提供了这样一种管理机制，系统中的每个硬件和软件模块都可以有效地交互。原装 ROS 提供了许多必要的功能，但这些功能并不能满足无人驾驶的所有要求，因此，我们需要在 ROS 的基础上，提高系统的性能和可靠性，完成有效的资源管理和隔离。随着无人驾驶技术的发展，将提出更多的系统需求，如车车互联、汽车与城市交通系统互联、云汽车互联、加速异构计算硬件等。

第 2 章

ROS 基础

ROS 是机器人的后操作系统或子操作系统。它提供了类似于操作系统提供的功能，包括硬件抽象描述、底层驱动程序管理、共用功能的执行、程序间消息传递和程序发行包的管理，以及用于获取、构建、编写和运行多机整合程序的工具与库。在许多情况下，ROS 可以为机器人开发者提供更多的灵活性和可扩展性，从而帮助他们更好地适应复杂的工作环境，并提高工作效率。目前，ROS 已经成为一个非常热门的研究领域。

本章将介绍 ROS 的工程结构和通信原理。

2.1 ROS 的工程结构

ROS 的工程结构（Engineering Structure）也叫 ROS 的文件系统（File System）。ROS 的工程结构如图 2.1所示。从开发角度来说，ROS 工作空间下的编译空间（build 文件夹）、开发空间（devel 文件夹）和源码空间（src 文件夹）属于开发工程中的成员，这些文件夹下的子文件组成了整个开发工程；从系统角度来说，ROS 工作空间下的源码文件经过编译后生成可执行文件，通过 setup.bash 的配置，使得使用者可以通过 rosrun 或者 roslaunch 等命令，从终端直接运行程序，实现各个可执行文件的节点数据相互通信。

一般无须关心 build 和 devel 文件夹，只须在加载工作空间的时候使用 devel 文件夹下的 setup.bash 文件进行加载。

图 2.1　ROS 的工程结构

2.1.1　工作空间（catkin workspace）

　　catkin workspace 与字面意思一样，就是工作空间，而工作空间也就是一个工程，工程里放着运行的依赖和环境，以及源码。src 文件夹下面是一系列的功能包（package），catkin 编译工具就是递归地编译 src 文件夹下的所有功能包，最后把依赖和环境放到 build 和 devel 文件夹中，供使用者通过命令运行节点程序。

2.1.2　功能包（package）

　　catkin workspace 下的 src 文件夹中存放着很多的文件夹，如图 2.2 所示，而这些文件夹在 ROS 中常常被称为功能包（package），它是 ROS 软件的基本组织形式，是 catkin 编译的基本单位，是节点程序的包含目录，而且一个功能包（package）可以包含多个节点。

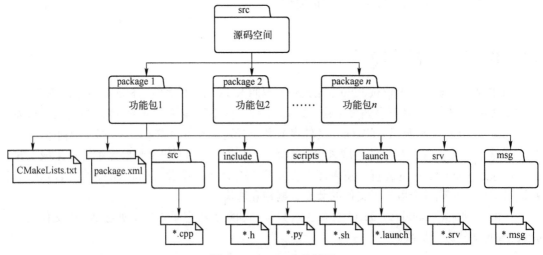

图 2.2　package 文件图级

2.1.3 文件类型

本节主要介绍 ROS 中常见到的文件类型，只有理解了这些文件的作用，在研发的过程中才能更清楚须要做什么，去哪儿做。阅读 ROS 社区的开源项目时也能快速理解贡献者的程序设计，有利于进一步学习 ROS 机器人操作系统的相关研发。ROS 中常见的文件类型如图 2.3 所示。

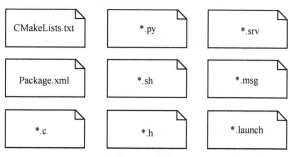

图 2.3　ROS 中常见的文件类型

1. CMakeLists.txt

ROS 工作空间和功能包的编译都须要通过 CMake 进行编译，CMake 是一个比 make 更高级的编译配置工具，它可以根据不同平台、不同的编译器，生成相应的 Makefile 或者 vcproj 项目。

所以，通过编写 CMakeLists.txt，可以控制生成的 Makefile，从而控制编译过程。CMake 自动生成的 Makefile 不仅可以通过 make 命令构建项目生成目标文件，还支持安装（make install）、测试安装的程序是否能正确执行（make test，或者 ctest）、生成当前平台的安装包（make package）、生成源码包（make package_source）、产生 Dashboard 显示数据并上传等高级功能，只要在 CMakeLists.txt 中简单配置，就可以完成很多复杂的功能，包括写测试用例。

如果有嵌套目录，子目录下可以有功能包自己的 CMakeLists.txt，这就是为什么在工作空间的 src 文件夹和功能包的 src 文件夹内都有一个 CMakeLists.txt 的原因，非常符合 ROS 的文件级系统。

2. Package.xml

ROS 中 Package.xml 也是一个 catkin 的功能包必备文件，它是这个软件包的描述文件，在较早的 ROS 版本（rosbuild 编译系统）中，这个文件叫作 manifest.xml，用于描述功能包的基本信息。Package.xml 包含了功能包的名称、版本号、内容描述、维护人员、软件许可、编译构建工具、编译依赖、运行依赖等信息。实际上，rospack find、rosdep 等命令之所以能快速定位和分析出功能包的依赖项信息，就是直接读取了每一个功能包中的 Package.xml 文件，它为用户提供了一个快速了解功能包的渠道。

3. *.cpp、*.py 和*.sh

ROS 支持很多编程语言，经常见到的多是以.cpp 和.py 为后缀的源码文件。一般.cpp 文件放在功能包的 src 目录下，.py 放在功能包的 scripts 目录下。

除此之外，功能包的 scripts 目录还会包含一些以.sh 为后缀的脚本文件，在研发过程中常常须要做一些配置或者流水工作，这时候就可以通过编写 shell 脚本来快速地配置和完成一些流水工作，极大地节省研发和调试时间。

4. *.msg 和*.srv

ROS 自带的两种文件类型为 msg 和 srv，它们分别是消息文件和服务文件。其中，消息是一个进程发送到其他进程的信息。ROS 系统中有许多标准的消息类型，消息类型说明存储在 my_package/msg/MyMessageType.msg 中，即在对应的功能包的 msg 文件夹下；服务类型定义了在 ROS 中由每个进程提供服务请求和相应的数据结构，服务类型说明保存在对应功能包的 srv 文件夹下。

5. *.h

ROS 中定义功能包节点函数、参数、宏和宏函数的文件是以.h 为后缀的文件，一般放在功能包的 include 文件夹中。

ROS 中实现.h 头文件函数的文件是以.cpp 为后缀的文件，使用的语言是 C 或 C++，该方式也是编写节点程序的一种，.cpp 文件一般放在功能包的 include 文件夹中。

6. *.launch

在 ROS 日常的开发过程中，当创建的节点越来越多时，一个一个运行，效率非常低下，这时可以通过输入一条指令来实现所有功能模块的启动。启动文件（Launch File）便是 ROS 中一种同时启动多个节点的途径，还可以自动启动 ROS Master 节点管理器，而且可以实现每个节点的各种配置。

2.2 ROS 通信原理

ROS 可以被形象地描述为一个工厂的运行机制，创建好的一个工作空间就像一个有好多个生产车间的工厂，每个功能包可被看作一个生产车间，每个生产车间又有好多工人，每个节点（node）可被看作一个工人，节点是可执行程序的最小单位，工人之间的交流都是通过消息

（message）来完成的，如图 2.4 所示。

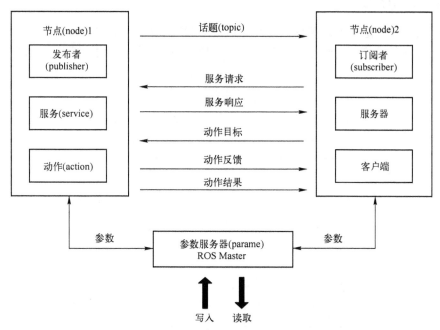

图 2.4　消息通信（话题、服务、动作、参数）

2.2.1　话题通信模型

话题是单向的，一般用于连续发送数据的传感器，建立一次联系后，一个发布者（publisher）可以向多个订阅者（subscriber）发送信息，同样，一个订阅者也可以订阅多个发布者的消息。话题的订阅者和发布者之间的关系如图 2.5 所示。

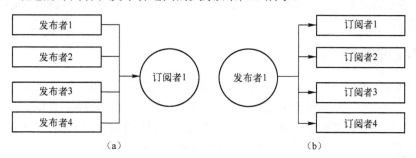

图 2.5　订阅者和发布者的关系

2.2.2 服务通信模型

服务（service）是同步、双向的通信机制，服务器只有在有请求的时候才响应，客户端在发出请求后才接受响应。当服务的请求和响应完成时，两个连接点自动断开，如图 2.6 所示。

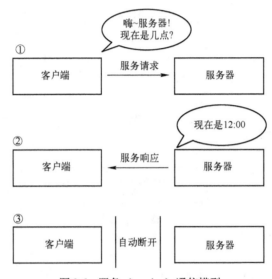

图 2.6 服务（service）通信模型

ROS 服务最大的特点就是参数服务器。参数服务器是可通过网络访问的共享的多变量字典。它是节点存储参数的地方，用于配置参数和全局共享参数。参数服务器使用互联网传输，在节点管理器中运行，实现整个通信过程。它使用 XMLRPC 数据类型为参数赋值，包括 32 位整数、布尔值、字符串、双精度浮点、ISO 8601 日期、列表（List）、基于 64 位编码的二进制数据。

参数服务器的配置方式非常简单、灵活，大概有 3 种方式：命令行维护、launch 文件内读写、node 源码。

2.2.3 动作通信模型

动作（action）的通信方式与服务有类似的情况，不同的是服务器收到请求后直至完成响应所需的时间较长，中途须要反馈给客户端目前完成的情况，报告当前的现状，如图 2.7 所示。

由以上 3 种通信方式完成 ROS 节点间的信息交流，但是发布者、订阅者、服务服务器、服务客户端、动作服务器、动作客户端分布在不同的节点中。这些节点需要一个让它们建立联系的主节点构建通信的桥梁。分布在外面的不同节点向主节点注册自己的信息，以便其他节点访问，同时向主节点获取那些访问自己节点的信息。获取信息后，节点和节点间就可以通信，不再需要主节点。

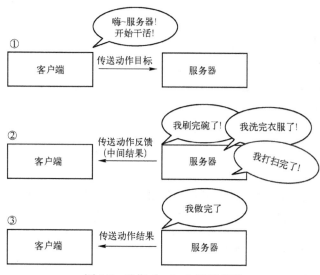

图 2.7 动作（action）通信模型

2.2.4 ROS 通信总结

至此，ROS 通信架构的 3 种通信方式就介绍结束，可以对比学习这 3 种通信方式，去思考每一种通信的优缺点和适用条件，在正确的地方用正确的通信方式，这样整个 ROS 的通信会更加高效，机器人也将更加灵活和智能。机器人学会了通信，也就相当于有了"灵魂"。

2.3 实验操作

本节内容主要为了回顾 ROS 的基本操作，所做操作结果与本书内容相关，须要注意命名过程，如已了解 ROS 的基本操作，可对以下操作自行命名。

2.3.1 实验一 工作空间与功能包创建

1. 实验目的

（1）熟练创建 ROS 功能包工作空间。
（2）熟练使用 catkin_init_workspace 命令初始化功能包。
（3）熟练使用 catkin_make 命令编译工作空间。
（4）熟练使用 catkin_create_pkg 命令创建功能包。
（5）熟悉功能包结构。

2. 实验内容

（1）创建工作空间。
（2）创建功能包。
（3）初始化功能包。
（4）编译功能包。
（5）查看功能包结构。

3. 实验步骤

具体实验步骤如下。

（1）使用"Ctrl+Alt+T"组合键打开一个终端，输入以下命令，创建工作空间：

```
$ mkdir catkin_ws/src -p
```

（2）在终端输入以下命令，进入工作空间：

```
$ cd catkin_ws/src
```

（3）在终端输入以下命令，初始化工作空间：

```
$ catkin_workspace_init
```

（4）在终端输入以下命令，进入工作空间：

```
$ cd ~/catkin_ws
```

（5）在终端输入以下命令，编译工作空间：

```
$ catkin_make
```

（6）在终端输入以下命令，进入工作空间：

```
$ cd ~/catkin_ws/src
```

（7）在终端输入以下命令，创建功能包：

```
$ catkin_create_pkg test_pkg roscpp
```

（8）在终端输入以下命令，进入工作空间：

```
$ cd ~/catkin_ws
```

（9）在终端输入以下命令，清除原编译文件：

```
$ rm build/ devel/ -r
```

(10) 在终端输入以下命令，编译工作空间：

```
$ catkin_make
```

(11) 在终端输入以下命令，编辑.bashrc 文件，设置工作空间环境变量：

```
$ sudo vim ~/.bashrc
```

(12) 在终端输入以下命令，在.bashrc 文件的最后一句中加入环境变量：

```
$ source ~/catkin_ws/devel/setup.bash
```

至此，已经创建和配置好 ROS 工作空间，接下来试着查看工作空间的结构，并对其进行分析。

4. 查看工作空间的结构

(1) 使用"Ctrl+Alt+T"组合键打开一个终端。

(2) 在终端输入以下命令，进入工作空间：

```
$ cd ~/catkin_ws
```

(3) 在终端输入以下命令，下载目录树。在联网的情况下才能下载，下载完成以后无须继续下载：

```
$ sudo apt-get install tree
```

(4) 在终端输入以下命令，查看工作空间目录树：

```
$ tree
```

工作空间的结构如图 2.8 所示。

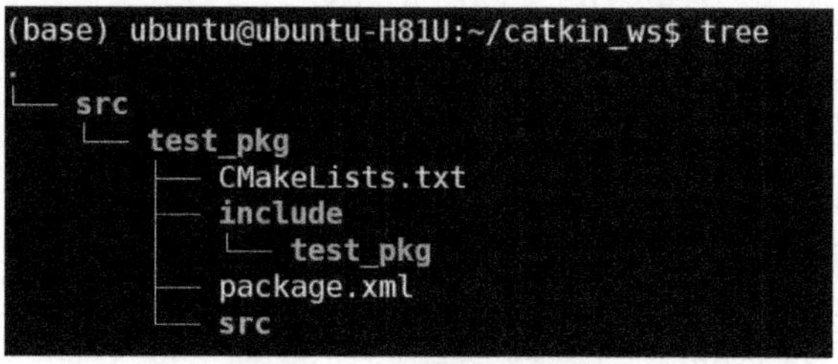

图 2.8 工作空间的结构

至此，创建工作空间的工作就完成了，接下来分析一下工作空间的结构，表 2.1 所示为工作空间中的文件解释。

表 2.1 工作空间中的文件解释

文件名	解释
./src	功能包目录
./src/test_pkg	test_pkg 功能包文件夹
./src/test_pkg/CMakeLists.txt	编译清单文件
./src/test_pkg/include	功能包头文件文件夹
./src/test_pkg/include/test_pkg	test_pkg 功能包头文件夹
./src/test_pkg/package.xml	test_pkg 功能包描述文件
./src/test_pkg/src	test_pkg 功能包源码文件夹

2.3.2 实验二 ROS 通信原理实验

1．实验目的

（1）学习 ROS 通信机制。
（2）学习 ROS 通信原理。

2．实验内容

（1）运行小乌龟节点程序。
（2）运行小乌龟控制节点发布运动。
（3）查看小乌龟节点程序通信。
（4）查看小乌龟节点程序数据。
（5）向小乌龟节点发布服务请求。

3．实验步骤

1）运行小乌龟节点程序
（1）使用"Ctrl+Alt+T"组合键打开终端。
（2）在终端中运行以下命令，启动 ros master：

```
$roscore
```

（3）使用"Ctrl+Alt+T"组合键再打开一个终端。
（4）在终端中运行以下命令，启动小乌龟节点程序：

```
$rosrun turtlesion turtllesim_node
```

2）运行小乌龟控制节点发布运动
（1）使用"Ctrl+Alt+T"组合键再打开一个终端。

第 2 章　ROS 基础

（2）在终端运行以下命令，启动小乌龟控制节点：

```
$rosrun turtlesim turtlesim_teleop_key
```

*提示：按键盘中的上、下、左、右键控制小乌龟移动，如图 2.9 所示。

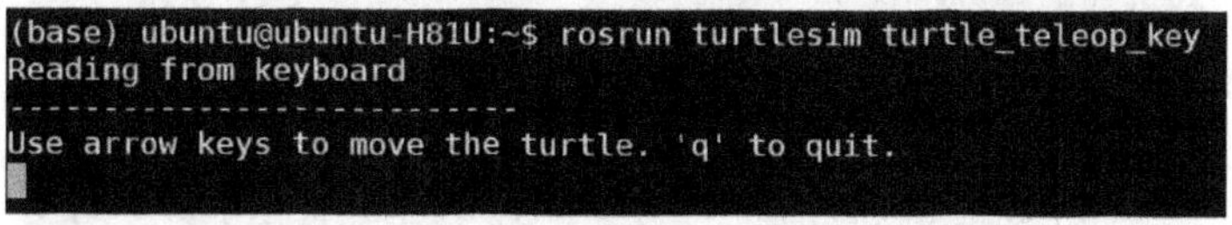

图 2.9　终端的运行结果

3）查看小乌龟节点程序数据
（1）使用"Ctrl+Alt+T"组合键再打开一个终端。
（2）在终端运行以下命令，查看节点列表（见图 2.10）：

```
$rostopic list
```

图 2.10　节点列表

（3）在终端运行以下命令，查看小乌龟 cmd 运动基本数据（见图 2.11）：

```
$rostopic echo /turtle1/cmd_vel
```

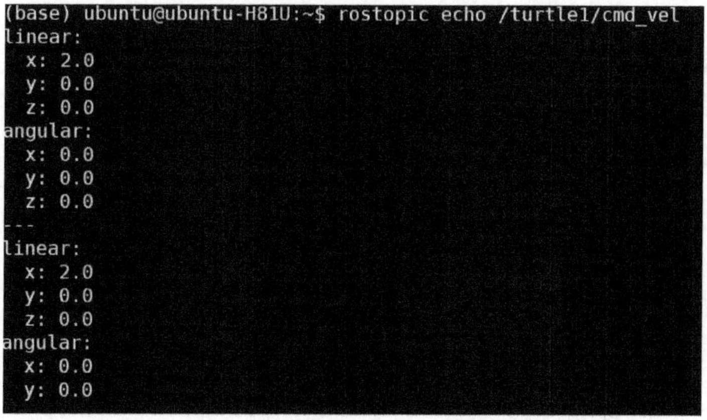

图 2.11　小乌龟 cmd 运动基本数据

还可以查看其他节点数据，如图 2.12 所示。

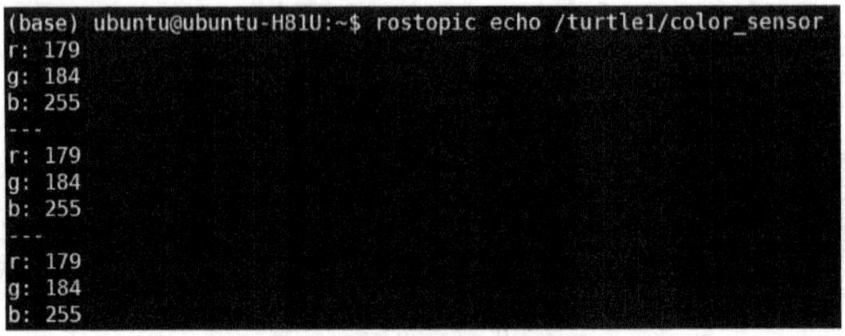

```
(base) ubuntu@ubuntu-H81U:~$ rostopic echo /turtle1/color_sensor
r: 179
g: 184
b: 255
---
r: 179
g: 184
b: 255
---
r: 179
g: 184
b: 255
```

图 2.12　其他节点数据

（4）使用"Ctrl+Alt+T"组合键再打开一个终端。
（5）在终端运行以下命令：

```
$rostopic echo /turtle1/color_sensor
```

使用 rqt_graph 工具查看节点计算图，如图 2.13 所示。

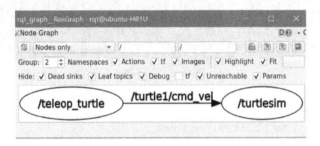

图 2.13　节点计算图

（6）使用"Ctrl+Alt+T"组合键再打开一个终端。
（7）在终端输入以下命令：

```
$rosrun rqt_graph rqt_graph
```

通过图 2.14 可以看出，至此程序运行了两个节点，一个叫/teleop_turtle，另一个叫/turtlesim，数据流向为/teleop_turle → /turtlesim，由/turtle1/cmd_vel 发送数据。

4）向小乌龟节点发布话题消息
（1）重新打开一个终端，输入以下命令：

```
$ rostopic pub -r 10 /turtle1/cmd_vel geometry_msgs/Twist "linear: x: 1.0 y: 0.0 z: 0.0angular: x: 0.0 y: 0.0 z: 0.0"
```

此时小乌龟就会一直往前走，如图 2.14 所示。

图 2.14　终端的运行结果

（2）使用"Ctrl+Alt+T"组合键再打开一个终端。
（3）在终端输入以下命令：

```
$rosrun rqt_graph rqt_graph
```

使用 rqt_graph 工具查看节点计算图，如图 2.15 所示。

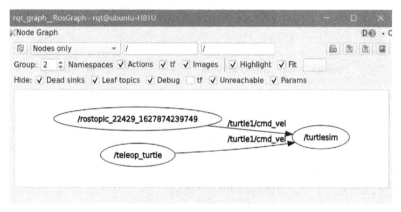

图 2.15　节点计算图（1）

从图 2.15 中可以看出，至此程序运行了 3 个节点，一个叫/teleop_turtle，另一个叫/turtlesim，还有一个叫/rostopic_22429-1627874239749，数据流向为/teleop_turle → /turtlesim 和/rostopic_22429-1627874239749 → /turtlesim，由/turtle1/cmd_vel 发送数据。由于之前的 turtle_teleop_key 节点程序没有关闭，所以在使用 rqt_graph 时有两个节点都发布 cmd_vel 数据。

如果把 turtle_teleop_key 节点程序关闭，会如何？
（1）在图 2.16 所示的终端界面按"Ctrl+C"组合键退出节点程序。

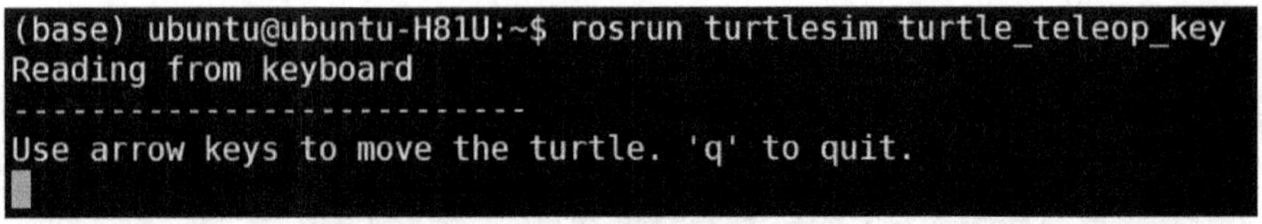

```
(base) ubuntu@ubuntu-H81U:~$ rosrun turtlesim turtle_teleop_key
Reading from keyboard
---------------------------
Use arrow keys to move the turtle. 'q' to quit.
```

图 2.16　终端退出节点程序

(2) 使用"Ctrl+Alt+T"组合键再打开一个终端。
(3) 在终端运行以下命令：

```
$rosrun rqt_graph rqt_graph
```

运行 rqt_graph 查看变化，如图 2.17 所示。

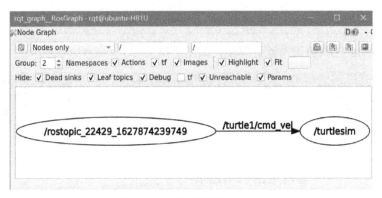

图 2.17　节点计算图（2）

5）向小乌龟节点发布服务请求
(1) 使用"Ctrl+Alt+T"组合键再打开一个终端。
(2) 在终端输入以下命令：

```
$rosservice call /spawn "x: 5.0y: 5.0
theta: 0.0
name: 'turtle2'"
```

运行完成之后，模拟窗口就会出现两个小乌龟。同理，要想发布话题让小乌龟 turtle2 运动，只须给 turtle2 发布 cmd_vel 话题即可。
(3) 使用"Ctrl+Alt+T"组合键再打开一个终端。
(4) 在终端运行以下命令：

```
$rostopic pub -r 10 /turtle2/cmd_vel geometry_msgs/Twist "linear:
```

```
            x: 1.0
            y: 0.0
            z: 0.0
        angular:
            x: 0.0
            y: 0.0
            z: 0.0"
```

(5)使用"Ctrl+Alt+T"组合键再打开一个终端。

(6)在终端运行以下命令：

```
$rosrun rqt_graph rqt_graph
```

使用 rqt_graph 工具查看节点计算图，如图 2.18 所示。

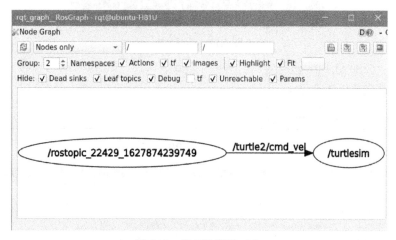

图 2.18　节点计算图（3）

这是给 turtle2 发布 cmd_vel 话题数据，控制 turtle2 移动。当然，也可以同时控制两个小乌龟，同理给 turtle1 发布 cmd_vel 话题数据就行。

(1)使用"Ctrl+Alt+T"组合键再打开一个终端。

(2)在终端输入以下命令：

```
$rostopic pub -r 10 /turtle1/cmd_vel geometry_msgs/Twist "linear:
    x: 1.0
    y: 0.0
    z: 0.0
```

```
        angular:
            x: 0.0
            y: 0.0
            z: 0.0"
```

(3) 输入以下命令，查看话题列表（见图 2.19）：

```
        $rostopic list
```

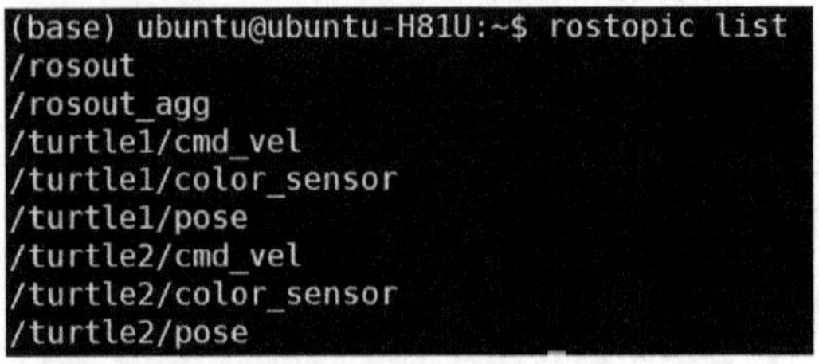

图 2.19　话题列表

(4) 使用"Ctrl+Alt+T"组合键再打开一个终端。

(5) 在终端运行以下命令：

```
            $rosrun rqt_graph rqt_graph
```

使用 rqt_graph 工具查看节点计算图，如图 2.20 所示。

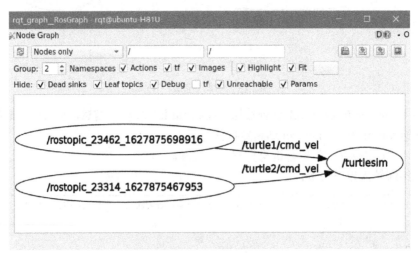

图 2.20　节点计算图（4）

从图 2.20 中可以看出，程序发布了两个话题，并同时给/turtulsim 节点提供 cmd_vel 数据，只是一个话题提供的是/turtle1/cmd_vel 数据，另一个提供的是/turtle2/cmd_vel 数据。

同时也可以使用 rqt_graph 工具查看 active 通信。

（6）使用"Ctrl+Alt+T"组合键再打开一个终端。

（7）在终端输入以下命令：

```
$ rosrun rqt_graph rqt_graph
```

使用 rqt_graph 工具查看节点计算图，如图 2.21～图 2.23 所示。

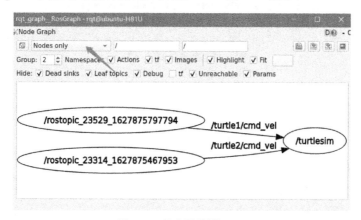

图 2.21　节点计算图（5）

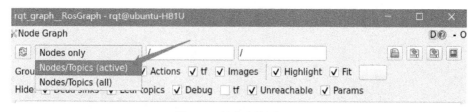

图 2.22　节点计算图（6）

由此可以很明显地看出，此时一共：

- 开启了 3 个节点，即/rostopic_23314_1627875467953、/rostopic_23529_1627875797794 和/turtlesim；
- 开启了两个 active，即/turtle1 和/turtle2；
- 发布的数据有两个，即/turtle1/cmd_vel 和/turtle2/ cmd_vel。

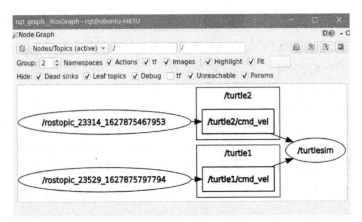

图 2.23　节点计算图（7）

第 3 章

ArtTable 框架

3.1 ArtTable 框架介绍

ArtTable 框架是北京钢铁侠科技有限公司推出的"无人驾驶感知技术平台"的 ROS 框架，用于 ROS 初学者学习无人驾驶感知技术，整个框架涵盖了 ROS 开发的所有知识点，从无人驾驶感知应用方向切入，能够快速从理论原理到工程实践中去。如图 3.1 所示，ArtTable 框架有 5 个模块，分别是功能模块、驱动模块、外部依赖模块、通信模块和底层硬件模块。

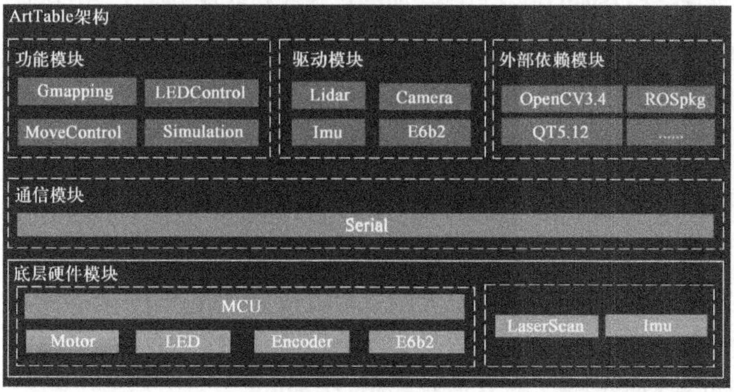

图 3.1 ArtTable 框架

1. 功能模块

功能模块在 ArtTable 中主要有 4 个功能：Gmapping、LEDControl、MoveControl 和 Simulation。

其中，Simulation（仿真模拟）功能是为了在今后学习使用实验台时，可以通过仿真模拟提前预习和熟悉操作；MoveContorl（运动学控制）功能是为了在不断地控制操作和数据分析后，能对无人驾驶的运动学控制（如阿克曼结构控制和差速结构控制）有较为清楚的认知；LEDContol（LED 状态控制）功能在基础训练和仿真过程添加了交互感知，绿灯为安全状态，红灯为危险状态；Gmapping（地图构建）功能是将各个传感器数据融合过滤，最后可以可视化构建一个 2D 平面地图。

2. 驱动模块

第二个模块是驱动模块，该模块中的 Lidar、Camera、Imu 和 E6b2 属于 ArtTable 中放置的无人驾驶感知器件的驱动程序包，分别是雷达驱动模块、视觉检测驱动模块、惯导驱动模块和编码器驱动模块。其中，雷达驱动模块主要通过程序控制硬件发射激光，通过驱动程序的算法计算点位，记录激光雷达的点云数据；视觉检测驱动模块结合了 YoloV5 深度学习框架和 OpenCV，将光学数据转为带有特征框的视频流；惯导驱动模块将陀螺仪（惯导）的方向角转换成运动学控制所需要的物体绕 3 个坐标轴（x, y, z）的旋转角度数据；编码器驱动模块计算编码数，根据单位时间计算当前速度。

3. 外部依赖模块

第三个模块是外部依赖模块，是 ArtTable 必不可少的模块，许多功能都需要依赖于视觉处理库、QT 界面库、ROSpkg 包消息等。如果说硬件和软件组成了 ArtTable 的骨架，那可以说外部依赖组成了 ArtTable 的血和肉，这得益于 ROS 的框架结构。

4. 通信模块

第四个模块是通信模块，ArtTable 所有的通信都基于串口，通过 USB 串口设置、读取或者发送数据到上/下位机，实现整体的通信。

5. 底层硬件模块

第五个模块是底层硬件模块，主要分为下位机和上位机相连接的硬件部分，下位机主要有 MCU（微处理器），以及与 MCU 相连接的 Motor、LED、Encoder、E6b2 器件，上位机主要相连的硬件器件有 LaserScan（雷达）和 Imu（惯导）。

3.2 ArtTable 框架使用

3.1 节简要介绍了 ArtTable 框架的各个模块，接下来将详细介绍如何在"无人驾驶感知平台"使用各个模块进行学习。

3.2.1 Simulation（仿真模拟）功能

本节的目的是让使用者熟练使用 simulation_test 模拟程序，通过反复地练习达到减少拼写错误问题的效果，提高使用者的 Linux 操作熟练度，最终更好地熟悉 ArtTable 框架的使用。图 3.2 所示为 Simulation 功能的模块结构。

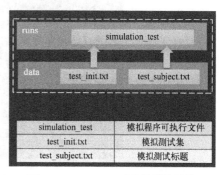

图 3.2　Simulation 功能的模块结构

1. 使用说明

进入目录~/Art_table/driver_top/simulation 后，就可以看到图 3.2 所示的 Simulation 功能的模块结构。该目录下有两个文件夹，一个文件夹是 runs，放着 simulation_test 的主程序，属于可执行程序；另一个文件夹是 data，放着两个文件，一个是 test_init.txt（作为模拟测试集，内容可以自行修改），另一个是 test_subject.txt（作为模拟测试的标题说明，该文件仅在程序中起到描述使用或者解释测试集的作用）。

2. 操作步骤

Simulation 功能的使用步骤如下。

（1）使用快捷键"Ctrl+Alt+T"组合键打开一个终端。

（2）在终端运行以下命令，进入 Art_table 工作空间：

```
$ back_ws
```

（3）在终端运行以下命令，进入 simulation 文件夹：

```
$ cd ../simulation
```

（4）在终端运行以下命令，进入 runs 文件夹：

```
$ cd runs
```

（5）在终端运行以下命令，运行 simulation 程序（见图 3.3）：

```
$ ./simulation
```

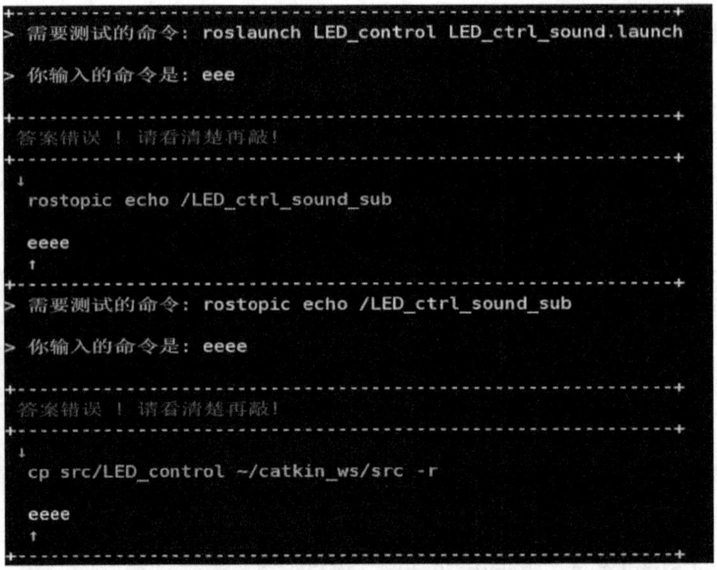

> 需要测试的命令：roslaunch LED_control LED_ctrl_sound.launch
> 你输入的命令是：eee
答案错误 ！ 请看清楚再敲！
rostopic echo /LED_ctrl_sound_sub
eeee
> 需要测试的命令：rostopic echo /LED_ctrl_sound_sub
> 你输入的命令是：eeee
答案错误 ！ 请看清楚再敲！
cp src/LED_control ~/catkin_ws/src -r
eeee

图 3.3 运行 simulation 程序

提示：若要修改仿真题目，打开 data 目录里的 test_init.txt 和 test_subject.txt 文件，重新运行 simulation_test 程序即可。

3.2.2 LEDControl（LED 状态控制）功能

LEDControl 是“无人驾驶感知技术平台”的 LED 状态控制功能，用于显示雷达测距、超声波测距和摄像头检测的结果反馈，如图 3.4 所示。

LED_ctrl_sound_sub
Sound_data < 20 ?
是
否
data = 1
data = 0
Sound_data
Arduino
LED
Sound sensor

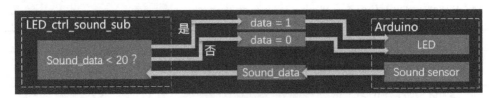

图 3.4 LEDControl 功能

1. 使用说明

LED_ctrl_sound_sub 节点监听底层 Arduino 发布的 sound_sensor1 和 sound_sensor2 节点数据，指定一个范围的条件，判断当前条件是否满足，并不间断地由 LED_ctrl_sound_sub 节点发布当前状态的消息到 Master 中，最后由底层 Arduino 接收 Master 中的 LED 状态值，让 LED 从绿灯变成红灯，任务完成。

2. 操作步骤

LEDControl 功能的操作步骤如下。

（1）使用"Ctrl+Alt+T"组合键打开终端。

（2）Art_table 进入 Art_table 工作空间：

```
$ back_ws
```

（3）在终端运行以下命令，复制 LED 状态控制功能包：

```
$ cp src/LED_control ~/catkin_ws/src -r
```

（4）在终端运行以下命令，进入 catkin_ws 工作空间：

```
$ cd ~/catkin_ws
```

（5）在终端运行以下命令，编译 catkin_ws 工作空间：

```
$ catkin_make
```

（6）在终端运行以下命令，加载 catkin_ws 工作空间：

```
$ source ~/catkin_ws/devel/setup.bash
```

（7）在终端运行以下命令，进入 arduino_ws 工作空间：

```
$ cd ~/arduino_ws
```

（8）在终端运行以下命令，编译 art_table_arduino 驱动：

```
$ catkin_make art_table_firmware_art_table_arduino
```

（9）在终端运行以下命令，上传 art_table_arduino 驱动：

```
$ catkin_make art_table_firmware_art_table_Arduino-upload
```

（10）在终端输入以下命令，运行 LED 状态控制程序，运行情况如图 3.5 所示：

```
$ LED_control LED_ctrl_sound.launch
```

```
---        ---        ---        ---        ---        ---        ---        ---
data: 0    data: 0    data: 0    data: 0    data: 0    data: 0    data: 0    data: 0
```

图 3.5 LED 状态控制程序运行情况

3.2.3　MoveControl（运动学控制）功能

MoveControl 功能是 ArtTable 框架的运动学控制功能，用于收集控制命令和车辆运行状态数据，控制可视化工具（Robot Visualization Tool，Rviz）中的小车模型，将控制过程和姿态可视化到 Rviz 中，如图 3.6 所示。

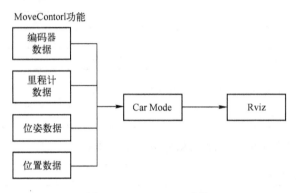

图 3.6　MoreControl 功能

1．使用说明

车辆控制需要的基本数据有：车辆的速度、车辆的位姿和车辆的里程。只有实时获取到这些数据才算真正意义上对车辆的状态进行监测，并且通过闭环的形式，将这些数据又反馈到控制程序中去。其中，车辆的速度包括角速度、线速度；车辆的位姿包括旋转矩阵、欧拉角、四元数、旋转矢量法等；车辆的里程为通过输入的线速度和角速度计算得到的车辆实际行驶路程。

2．操作步骤

MoveControl 功能的操作步骤如下。

（1）使用"Ctrl+Alt+T"组合键打开终端。

（2）在终端运行以下命令，进入 Art_table 工作空间：

```
$ back_ws
```

（3）在终端运行以下命令，复制 move_car 功能包到 catkin_ws 工作空间：

```
$ cp src/move_car ~/catkin_ws
```

（4）在终端运行以下命令，复制 driver_car_description 功能包到 catkin_ws 工作空间：

```
$ cp src/driver_car_description ~/catkin_ws/src -r
```

（5）在终端运行以下命令，进入 catkin_ws 工作空间：

```
$ cd ~/catkin_ws
```

（6）在终端运行以下命令，编译 catkin_ws 工作空间：

```
$ catkin_make
```

（7）在终端运行以下命令，激活 catkin_ws 工作空间：

```
$ source devel/setup.bash
```

（8）在终端运行以下命令，启动 move_car_by_keyboard.launch（见图3.7）：

```
$ roslaunch move_car move_car_by_keboard.launch
```

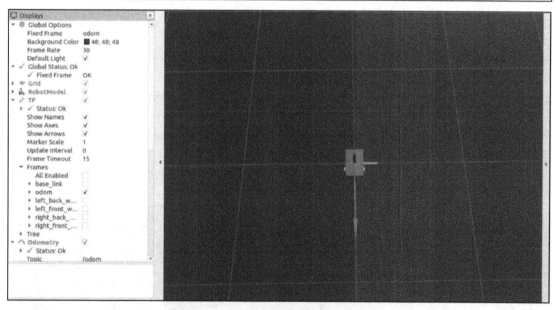

图 3.7　启动 move_car_by_keyboard.launch

接下来只须在终端按照提示，使用键盘就可以控制车辆模型移动。

3.2.4　Gmapping（地图构建）功能

Gmapping 功能可以实时构建室内地图，构建小场景地图所需的计算量较小且精度较高。相比 Hector SLAM，对激光雷达频率要求低、鲁棒性高（Hector 在机器人快速转向时很容易发生错误匹配，构建的地图发生错位，其原因主要是优化算法容易陷入局部最小值）。

1. 使用说明

Gmapping 是基于 RBpf 粒子滤波的算法,将定位和建图过程分离,先进行定位再进行建图。

2. 操作步骤

(1)使用"Ctrl+Alt+T"组合键打开终端。

(2)在终端运行以下命令,进入 Art_table 工作空间:

```
$ back_ws
```

(3)在终端运行以下命令,复制 move_car 功能包到 catkin_ws 工作空间:

```
$ cp src/driver_car_gmapping ~/catkin_ws/src -r
```

(4)在终端运行以下命令,进入 catkin_ws 工作空间:

```
$ cd ~/catkin_ws
```

(5)在终端运行以下命令,编译 catkin_ws 工作空间:

```
$ catkin_make
```

(6)在终端输入以下命令,运行 driver_car_gmapping_0_odome.launch,自动打开 Rviz 界面(见图 3.8):

```
$ roslaunch driver_car_gmapping driver_car_gmapping_0_odome.launch
```

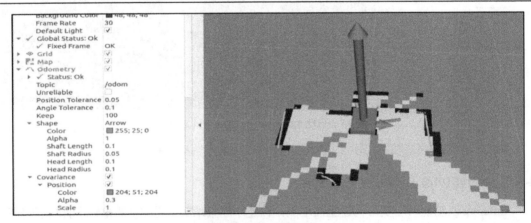

图 3.8 Rviz 界面(1)

（7）在终端输入以下命令，运行 driver_car_gmapping_1_odome.launch，自动打开 Rviz 界面（见图 3.9）：

```
$ roslaunch driver_car_gmapping driver_car_gmapping_1_odome.launch
```

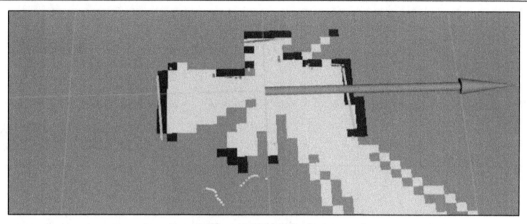

图 3.9　Rviz 界面（2）

图 3.9 中黑色部分被判定为墙或者障碍物；灰白色部分属于安全区域，表示车辆可以在该区域放心行驶；线条是单线激光雷达的点云图像；箭头是里程计和初始车头方向。

第 4 章 超声波传感器

人之所以能听到声音，是由于介质产生了振动，且振动频率恰好在人耳可接收的声波频率范围之内。人能听到的频率范围为 20Hz～20kHz，而超过 20kHz 的声波称为超声波，低于 20Hz 的声波称为次声波。本章将主要讲解超声波在无人驾驶中的应用。

超声波是一种在弹性介质中的机械振荡，有两种形式，即横向振荡（横波）及纵向振荡（纵波）。在工业中应用主要采用纵向振荡。

超声波可以在气体、液体及固体中传播，不同介质有不同的密度，所以超声波的传播速度也不同。另外，超声波也有折射和反射现象，并且在传播过程中有衰减：在空气中传播超声波，其频率较低，一般为几十千赫兹，而在固体、液体中则频率可用得较高；在空气中衰减较快，而在液体及固体中传播，衰减较小，传播较远。

将超声波传感器配上不同的电路，可以制成各种超声测量仪器及装置。超声波传感器已在通信、医疗家电等领域得到广泛应用。

4.1 超声波传感器分类

超声波传感器有 3 种基本类型：透射型、分离式反射型和反射型。超声波传感器的分类和适用范围如表 4.1 所示。

第 4 章 超声波传感器

表 4.1 超声波传感器的分类和适用范围

分类	适用范围
透射型超声波传感器	用于遥控器、防盗报警器、自动门、接近开关等
分离式反射型超声波传感器	用于测距、液位或料位等
反射型超声波传感器	用于材料探伤、测厚等

4.2 常用超声波传感器 HC-SR04

本节将介绍在 ROS 学习过程中经常用到的超声波传感器——收发一体的反射型超声波传感器 HC-SR04，如图 4.1 所示，其性能稳定、测距精确、使用简单，而且价格便宜，很适合初学者制作属于自己的无人驾驶车。

4.2.1 参数特征

HC-SR04 超声波传感器的参数特征如表 4.2 所示。

图 4.1 HC-SR04 超声波传感器

表 4.2 HC-SR04 超声波传感器的参数特征

特征描述	特征值
电源	+5V DC
静态电流	<2mA
工作电流	15mA
有效角度	<15°
测距距离	2～400cm
分辨率	0.3cm
测量角度	30°
触发输入脉冲宽度	10μs
尺寸	45mm × 20mm × 15mm

4.2.2 工作原理

如图 4.2 所示，超声波发射器向外面某一个方向发射出超声波信号，并开始计时，超声波通过空气进行传播，传播途中遇到障碍物就会立即反射传播回来，超声波接收器在收到反射波时立即停止计时。超声波在空气中的传播速度是 340m/s，计时器通过记录时间 t，就可以测算出从发射点到障碍物之间的距离（s），即

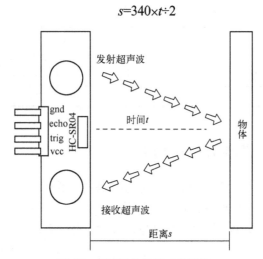

图 4.2 超声波传感器工作原理

4.2.3 使用方法

HC-SR04 超声波传感器非常受欢迎,很多 Arduino 开发者都会使用 HC-SR04 超声波传感器进行测距,以达到最终的控制效果。本节就以 Arduino Mega2560 平台为例介绍 HC-SR04 超声波传感器的使用方法。

Arduino Mega 2560 的功能包括:JTAG 对编程、调试和故障排除的支持;拥有大容量闪存和 SRAM,可以轻松处理大容量程序;与不同类型的模块兼容,如高电平(5V)或低电平(3.3V)和 I/O 参考引脚;支持在 PC 上进行 ICSP 和 USB MCU 编程。Arduino Mega 2560 是旧型号 Arduino Mega 的替代品,因此将其命名为 "2560" 扩展。因此,对于一些更复杂的项目来说,这是一个很好的选择。Arduino Mega 2560 实物图如图 4.3 所示,Arduino Mega 2560 接口的定义如图 4.4 所示。

图 4.3 Arduino Mega 2560 实物图

第 4 章 超声波传感器

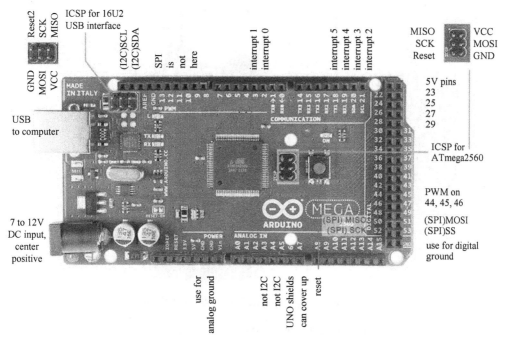

图 4.4　Arduino Mega 2560 接口的定义

介绍完 Arduino Mega 2560 平台和 HC-SR04 超声波传感器，接下来就可以搭建这两个硬件，最后通过编写程序来简单地驱动超声波传感器工作。

1．接线

HC-SR04 超声波传感器有 4 个引脚，分别是 GND、ECHO、TRIG 和 VCC。其中，GND 是地；ECHO 是回声，也就是将信号输出到 Arduino；TRIG 是触发，也就是 Arduino 向传感器发送电信号触发超声波发送；VCC 是 5V DC 电源接入 Arduino 的 5V 供电接口。将搭载 Linux 系统的计算机和 Arduino Mega 2560，以及 HC-SR04 超声波传感器搭建到一起，图 4.5 所示为超声波传感器通信的硬件搭建结构。将 HC-SR04 超声波传感器的 ECHO 接到 Arduino Mega 2560 的 27 引脚、TRIG 接到 26 引脚、GND 接到 GND 引脚、VCC 接到 VCC 5V 引脚，最后使用 Arduino 的串口线连接到搭载 ROS 机器人操作系统的计算机 USB 接口上。

2．上传程序

（1）在系统中下载 Arduino-IDE，使用"Ctrl+Alt+T"组合键打开终端，输入以下命令，开始下载 Arduino-IDE：

```
$ sudo apt-get install arduino
```

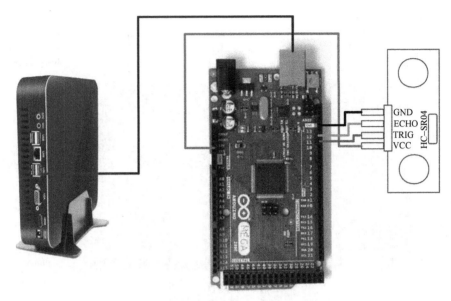

图 4.5 超声波传感器通信的硬件搭建结构

（2）输入以下命令，在终端运行 Aduino-IDE：

```
$ arduino
```

（3）弹出如图 4.6 所示的窗口，单击图中的"Add"按钮，输入密码，打开 Arduino-IDE，如图 4.7 所示。

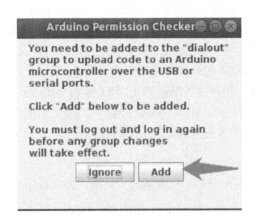

图 4.6 "Arduino Permission Checker"窗口

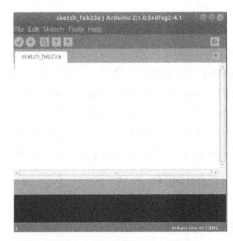

图 4.7 打开 Arduino-IDE

（4）单击"File"→"Open…"，或者使用"Ctrl+O"组合键，如图 4.8 所示。

图 4.8　单击"File"→"Open…"

（5）在弹出的窗口中找到~/Art_table/driver_top/Arduino_control/sketchbook/src/sound_sensor 目录下的 sound_sensor.ino 文件，如图 4.9 所示，单击"Open"按钮，在 Arduino-IDE 中打开 sound_sensor.ino 文件，如图 4.10 所示。

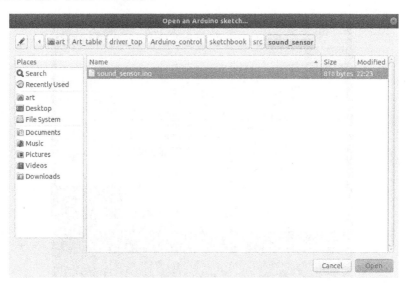

图 4.9　找到 sound_sensor.ino 文件

图 4.10　sound_sensor、ino 文件中的内容

（6）单击"Tools"，配置 Arduino 板，如图 4.11 所示，设置串口信息如下。

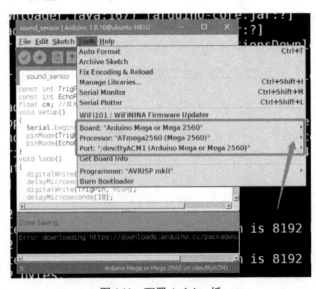

图 4.11　配置 Arduino 板

第 4 章 超声波传感器

- Board: "Arduino Mega or Mega 2560"
- Processor: "Atmega2560（Mega 2560）"
- Prot: "/dev/ttyACM1（Arduino Mega or Mega 2560）"

（7）单击 IDE 左上角的 图标进行编译，如图 4.12 所示。然后单击 图标进行程序上传，如图 4.13 所示。这样整个 HC-SR04 超声波传感器的简单驱动程序就上传到 Arduino 中了，并且可以正常工作。

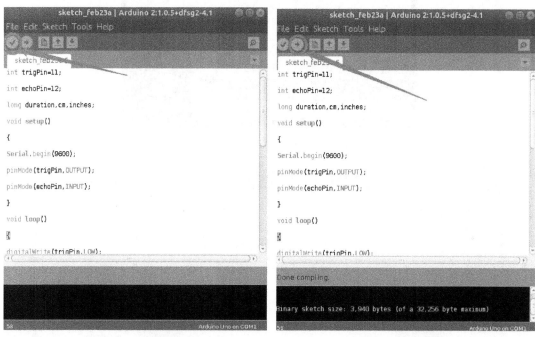

图 4.12　单击 图标　　　　　　　　图 4.13　单击 图标

3. Arduino-IDE 串口监视器监控数据

将超声波传感器测距结果发送到串口，使用串口监视器就可以监控到整个超声波传感器工作的过程。

如图 4.14 所示，单击"Tools"→"Serial Monitor"或者按"Ctrl+Shift+M"组合键，打开串口监视器（见图 4.15）。

所有从超声波传感器测量到的数据都会通过 Arduino-IDE 的串口监视器显示出来，可以直观地查看数据的变化。

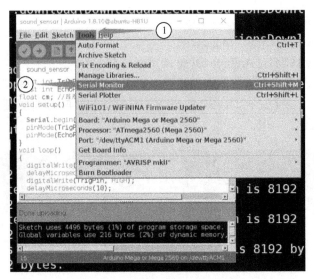

图 4.14 打开串口监视器的操作

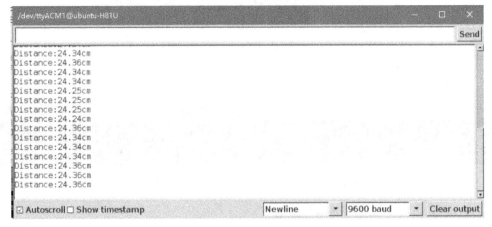

图 4.15 串口监视器

4.3 超声波传感器 ROS 驱动

4.2 节详细介绍了 HC-SR04 超声波传感器和 Arduino Mega 2560 的特征参数,以及接口使用,并且搭建完超声波传感器通信的硬件结构,通过编写简单的驱动程序,实现了超声波传感器的测距功能,本节将主要讲解如何编写 ROS 串口的传感器驱动程序,这也是本章

第4章 超声波传感器

的重点。

接下来开始为超声波传感器添加 ROS 节点通信,具体步骤如下。

(1) 使用 "Ctrl+Alt+T" 组合键打开终端,在终端输入以下命令,进入 Arduino 工作空间:

```
$ cd Arduino
```

(2) 在终端输入以下命令,创建 sound_sensor_node 源码文件夹:

```
$ mkdir sound_sensor_node
```

(3) 在终端输入以下命令,使用 vim 命令创建 sound_sensor_node.ino 源码文件:

```
$ vim sound_sensor_node_.ino
```

(4) 在 vim 编辑器中使用键盘中的 "I" 键插入以下代码:

```
/* ROS */
#include <ros.h>
#include <float.h>
#include <geometry_msgs/Twist.h>
#include <std_msgs/Int32.h>
//发出超声波
const int TrigPin = 26;
//收到反射回来的超声波
const int EchoPin = 27;
//因为测得的距离是浮点型的
float cm;
/* ROS */
ros::NodeHandle nh;
std_msgs::Int32 distance;
ros::Publisher sound_pub("sound_sensor", &distance);
void setup()
{
   /* ROS */
   nh.initNode();
   pinMode(TrigPin, OUTPUT);
   pinMode(EchoPin, INPUT);
   /* ROS */
   nh.advertise(sound_pub);
}
void loop()
```

```
    {
        /* 产生一个 10μs 的高脉冲去触发 TrigPin */
        digitalWrite(TrigPin, LOW);
        /*  delayMicroseconds 在更小的时间内延时准确 */
        delayMicroseconds(2);
        digitalWrite(TrigPin, HIGH);
        delayMicroseconds(10);
        /* 通过这里控制超声波的发射 */
        digitalWrite(TrigPin, LOW);
        /* 检测脉冲宽度,并计算出距离 */
        /* 将回波时间换算成厘米*/
        cm = pulseIn(EchoPin, HIGH) / 58.0;
        /* 保留两位小数 */
        cm = (int(cm * 100.0)) / 100.0;
        /* ROS */
        distance.data = cm;
        sound_pub.publish(&distance);
        nh.spinOnce();
    }
```

(5) 在终端输入以下命令,回到上一级目录:

```
$ cd ..
```

(6) 在终端输入以下命令,进入 libraries 库文件夹:

```
$ cd libraries
```

(7) 在终端输入以下命令,复制 ros_lib 库到 libraries 库文件夹中:

```
$ cp ~/art_table-runtime/driver_top/Arduino_control/sketchbook/libraries/ros_lib -r.
```

注意!也可以直接从 git 上下载,在终端输入一下命令:

```
$ git clone git@gitcode.net:zc15210073939/roslib.git
```

(8) 在终端输入以下命令,打开 Arduino-IDE:

```
$ arduino
```

(9) 如图 4.16 所示,使用 "Ctrl+O" 组合键打开之前写好的 sound_sensor_node.ino 文

件，路径为 art/Arduino/sound_sensor_node。

图 4.16　打开 sound_sensor_node.ino 文件

（10）编译并上传程序。编译并上传的方法与图 4.9 和图 4.10 一致，这里不再赘述。

4.4　超声波传感器 ROS 通信数据分析

完成超声波传感器 ROS 驱动程序的编写和上传，接下来看看超声波传感器通过 Arduino 向上位机都发送了什么数据。

4.4.1　启动超声波传感器 ROS 程序

使用 "Ctrl+Alt+T" 组合键打开一个终端，输入以下命令，启动 ROS Master 和 rosserial 节点，读取超声波传感器上传的测距数据：

```
$ roslaunch serial_example rosserial_arduino.launch
```

运行完成后，终端输出如图 4.17 所示的内容。

4.4.2　查看超声波传感器 ROS 节点数据

使用 "Ctrl+Alt+T" 组合键重新打开一个终端，在终端输入以下命令查看当前有什么话题输出：

```
(Art_table) ubuntu@ubuntu-H81U:~$ roslaunch serial_example rosserial_arduino.launch
... logging to /home/ubuntu/.ros/log/69e6506e-a98b-11ec-99f3-00873615cb53/roslaunch-ubu
ntu-H81U-9391.log
Checking log directory for disk usage. This may take a while.
Press Ctrl-C to interrupt
Done checking log file disk usage. Usage is <1GB.

started roslaunch server http://ubuntu-H81U:37675/

SUMMARY
========

PARAMETERS
 * /rosdistro: melodic
 * /rosversion: 1.14.10

NODES
  /
    rosserial_arduino (rosserial_arduino/serial_node.py)

auto-starting new master
process[master]: started with pid [9401]
ROS_MASTER_URI=http://localhost:11311

setting /run_id to 69e6506e-a98b-11ec-99f3-00873615cb53
process[rosout-1]: started with pid [9413]
started core service [/rosout]
process[rosserial_arduino-2]: started with pid [9416]
```

图 4.17 终端输出的内容（1）

```
$ rostopic list
```

运行完成后，终端输出如图 4.18 所示的内容。

```
(Art_table) ubuntu@ubuntu-H81U:~$ rostopic list
/LED_ctrl_sound_sub
/cmd_vel
/diagnostics
/odomeData
/rosout
/rosout_agg
/sound_sensor1
/sound_sensor2
/speed_data1
/speed_data2
```

图 4.18 终端输出的内容（2）

从图 4.18 中可以看出，超声波传感器的输出话题有两个，一个是/sound_sensor1，另一个是/sound_sensor2，这是因为在"无人驾驶感知技术平台"中放置了两个超声波传感器，在超声波传感器的 ROS 驱动中仅需要发布两个超声波测距话题。

接下来使用"rostopic echo+话题名称"查看超声波传感器话题的具体数据，在终端输入以下命令，查看/sound_sensor1 的数据：

```
$ rostopic echo /sound_sensor1
```

命令输入完成后，在该终端会持续刷新 sound_sensor1 超声波传感器发布的测距信息，单位为厘米，如图 4.19 所示。从图 4.19 中可以看到 sound_sensor1 测得的距离是 8cm。

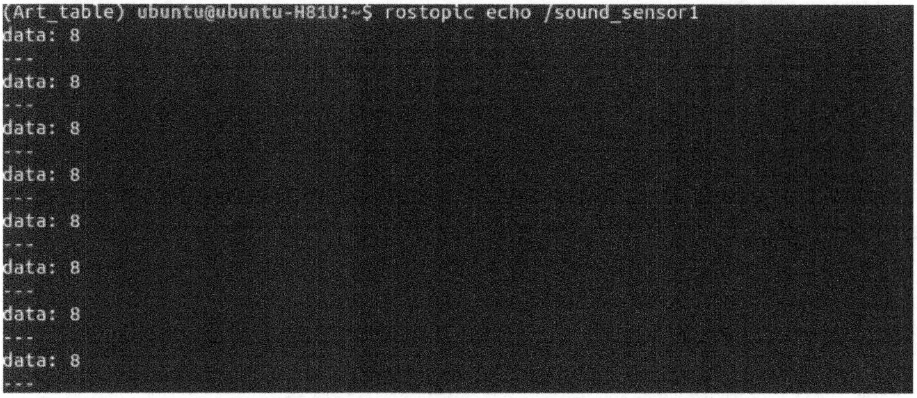

```
(Art_table) ubuntu@ubuntu-H81U:~$ rostopic echo /sound_sensor1
data: 8
---
data: 8
---
data: 8
---
data: 8
---
data: 8
---
data: 8
---
data: 8
---
data: 8
---
```

图 4.19　sound_Sensorl 超声波传感器发布的测距信息

重新打开一个终端，在该终端输入以下命令，查看/sound_sensor2 的数据：

```
$ rostopic echo /sound_sensor2
```

命令输入完成后，在该终端会持续刷新 sound_sensor2 超声波传感器发布的测距信息，单位为厘米，如图 4.20 所示。从图 4.20 中可以看到，sound_sensor，测得的距离是 25~26cm。

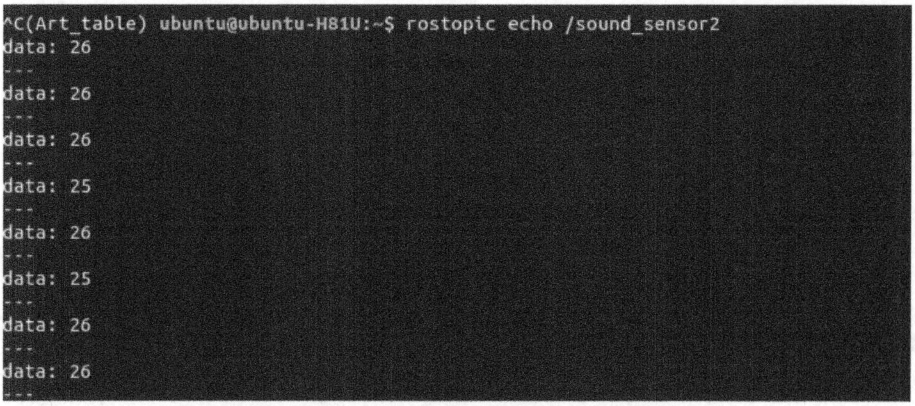

```
^C(Art_table) ubuntu@ubuntu-H81U:~$ rostopic echo /sound_sensor2
data: 26
---
data: 26
---
data: 26
---
data: 25
---
data: 26
---
data: 25
---
data: 26
---
data: 26
---
```

图 4.20　sound_sensor2 超声波传感器发布的测距信息

至此，超声波传感器的话题数据查看方式就已经介绍完成。

使用 "Ctrl+Alt+T" 组合键打开一个终端，在终端输入以下命令，使用 rqt_plot 工具查看超声波传感器的波形图：

```
$ rosrun rqt_plot rqt_plot
```

命令输入完成后,屏幕会出现一个 rqt_plot 工具窗口,如图 4.21 所示。

在"Topic"中输入/sound_sensor1 这个话题,如图 4.22 所示。

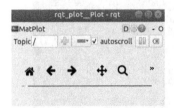
图 4.21 rqt_plot 工具窗口(1)

图 4.22 rqt-plot 工具窗口(2)

单击"□"号按钮,添加/sound_sensor1 话题数据到 rqt_plot 工具中,继续在"Topic"中输入/sound_sensor2 这个话题,同样单击"□"号按钮,添加/sound_sensor2 话题数据到 rqt_plot 工具中,如图 4.23 所示。

添加完成后,可以在 rqt_plot 工具中看到两个波形图,如图 4.24 所示。

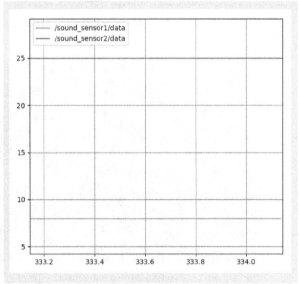

图 4.23 rqt_plot 工具窗口(3)　　图 4.24 /sound sensor1/data 和/sound sensor2/data 波形

从图 4.24 中可以看出,在静止的时候,超声波对前方静态物体的测量值相对稳定,没有较大的起伏。从中也可看出 HC-SR04 超声波传感器的测距能力非常优秀,在使用该传感器时可根据测量结果进行进一步的决策。

第 5 章

编码器传感器

5.1 编码器分类

编码器是一种将信号（如位流）或数据编译成可通信、传输和存储的信号形式的设备。在许多场合下，需要对信息进行编码并将编码后的信息传送给接收端。因此，编码器是实现上述功能的主要部件之一。

根据码盘刻度方法及信号输出形式，编码器可分为增量型、绝对值型、混合型三种。根据机械安装形式，编码器可分为有轴型和轴套型；根据检测原理，编码器可分为光电式、磁式、感应式和电容式。

5.1.1 增量型

增量型编码器如图 5.1 所示，简单理解就是每转过单位角度，编码器就会发出一个脉冲信号（也有先发正余弦信号，然后对其进行细分，斩波出频率更高的脉冲），通常为 A 相、B 相、Z 相输出。A 相、B 相为相互延迟 1/4 周期的脉冲输出，根据延迟关系可以区别正反转；可通过取 A 相、B 相的上升沿和下降沿进行 2 或 4 倍频；而 Z 相为单圈脉冲，每圈发出一个脉冲，所以常常用 Z 相作为旋转圈数输出。具体旋转一圈会发出多少脉冲与编码器的分辨率有关，所以在选择编码器的时候需要根据实际需求选择符合要求分辨率的编码器。

图 5.1 增量型编码器

增量型编码器通过两个光敏接收管来转化角度码盘的时序和相位关系,得到角度码盘角度位移量的增加(正方向:顺时针)或者减少(负方向:逆时针)。如图 5.2 所示,A、B 两点间距为 S_2,分别对应两个光敏接收管,角度码盘的光栅间距分别为 S_0 和 S_1,当角度码盘匀速转动时,可知图 5.3 中的 $S_0 : S_1 : S_2$ 比值与图 5.2 中的 $S_0 : S_1 : S_2$ 比值相同。同理,当角度码盘变速转动时,输出波形图中的 $S_0 : S_1 : S_2$ 比值与实际图中的 $S_0 : S_1 : S_2$ 比值仍然相同。

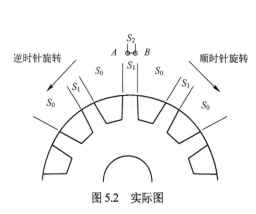

图 5.2　实际图

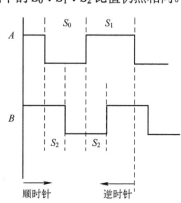

图 5.3　输出波形图

通过图 5.3 可知表 5.1 中每个运动周期的时序。

表 5.1　运动周期时序表

顺时针		逆时针	
A	B	A	B
1	1	1	1
0	1	1	0
0	0	0	0
1	0	0	1

将当前 A、B 的输出值保存起来,与下一个到来的 A、B 的输出值做比较,就可以得出角度码盘转动的方向。需要注意以下两种情况:

(1)如果光栅格 S_0 等于 S_1(S_0 和 S_1 的弧度夹角相同)且 S_2 等于 S_0 的 1/2,那么可得到此角度码盘的运动位移角度为 S_0 弧度夹角的 1/2,再除以所用的时间,就可得到此角度运动的角速度。

(2)如果光栅格 S_0 不等于 S_1 且 S_2 不等于 S_0 的 1/2,那么需要一个运动周期才可以得到运动方向位和位移角度。

增量型编码器多用于伺服电机,以达到对电机的闭环控制。

5.1.2 绝对值型

绝对值型编码器的光码盘上有许多道光通道刻线（见图 5.4），每道刻线依次以 2 线、4 线、8 线、16 线编排。编码器中的每一个位置可通过读取每道刻线的通、暗获得一组从 $2^0 \sim 2^{n-1}$ 的唯一的二进制编码（格雷码），这种编码器就称为 n 位绝对值型编码器（见图5.5），其是由光电码盘进行记忆的。

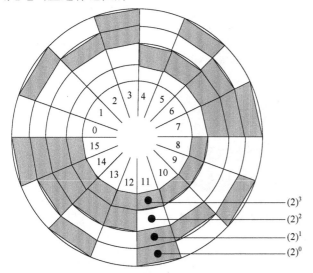

图 5.4　绝对值型编码器光码盘上的光通道刻线　　　　图 5.5　n 位绝对值型编码器

绝对值型编码器是由机械位置编码的，它无须记住和寻找参考点，无须不断计数，只须知道在哪里被读取即可，这样就大大提高了编码器的抗干扰性和数据可靠性。

单圈绝对值型编码器在转动中测量光电码盘的各道刻线，以得到唯一的编码。当旋转超过 360°时，编码又回到原点，这不符合绝对编码的原理，因为单圈绝对值型编码器只能测量 360°的旋转。

绝对值型编码器适用于纺织机械、灌溉机械、造纸印刷、水利闸门、机械手臂、港口起重机械、钢铁冶金设备、重型机械设备、精密测量设备、机床、食品机械、电梯等特种设备。

5.1.3 混合型

混合型绝对编码器可输出两组信息：一组信息用于检测磁极位置，带有绝对信息功能；另一组则完全同增量型编码器的输出信息。

5.2 常用编码器 E6B2-CWZ6C

在实际的项目使用中,增量型编码器往往配合电机使用,用于电机速度的调节,是工程控制领域使用最广泛的一类编码器。本节将介绍无人驾驶小车上常用到的一个编码器,即 E6B2-CWZ6C,该编码器由欧姆龙公司出品,属于增量型编码器,如图 5.6 所示。

图 5.6　E6B2-CWZ6C 编码器

5.2.1　参数特征

接下来看看 E6B2-CWZ6C 编码器的参数特征,如表 5.2 所示。

表 5.2　E6B2-CWZ6C 编码器的参数特征

项目　　　　　型号	E6B2-CWZ6C
电源电压	DC 5V-5%～24V+15%,纹波(p-p)5%以下
消耗电流*1	70mA 以下
分辨率 (脉冲/旋转)	10、20、30、40、50、60、100、200、300、360、400、500、600、720、800、1000、1024、1200、1500、1800、2000
输出相	A 相、B 相、Z 相
输出形式	集电极开路输出 1(NPN 输出)
输出容量	施加电压:DC 30V 以下 负载电流:35mA 以下 残留电压:0.4V 以下 (负载电流 35mA 时)
最高响应频率*2	100kHz

续表

项目		型号	E6B2-CWZ6C
输出上升、下降时间			1μs 以下（控制输出电压：5V；负载电阻：1kΩ；导线长：2m）
起动转矩			0.98mN·m 以下
惯性力矩			1×10^{-6}kg·m² 以下（600 脉冲/旋转以下：3×10^{-7}kg·m² 以下）
最大轴负载	径向		30N
	轴向		20N
允许最高转速			6000r/min
保护回路			负载短路保护、电源反接保护
环境温度范围			工作时：$-10\sim+70$℃；保存时：$-25\sim+85$℃（无结冰）
环境湿度范围			工作时/保存时：$35\sim85\%$RH（无结露）
绝缘电阻			20MΩ 以上（DC 500V 兆欧表）导线端整体与外壳间
耐电压			AC 500V 50/60Hz 1min 导线端整体与外壳间
震动（耐久）			$10\sim500$Hz 上下振幅 2mm 或者 150m/s²，X、Y、Z 各方向（扫频 11min/次）扫频 3 次
冲击（耐久）			100m/s² X、Y、Z 各方向 3 次
保护结构			IEC 标准 IP50
连接方式			导线引出型（标准导线长 500mm）
材质	外壳		ABS
	本体		铝
	轴		SUS420J2
质量（包装后）			约 100g

*1. 接通电源时，流过约 9A 的浪涌电流（时间：约 0.3ms）。
*2. 电的最高响应转速由分辨率及最高响应频率决定：

$$电的最高响应转速(r/min) = \frac{最高响应频率}{分辨率} \times 60$$

5.2.2 工作原理

E6B2-CWZ6C 编码器由一个中心带轴的光电码盘构成，其上有环形通、暗的刻线，由光电发射和接收器件读取，通过获得 4 组正弦波信号组合成 A、B、C、D 四相，每个正弦波相差 90°相位差（相对于一个周波为 360°），将 C、D 两相信号反向，叠加在 A、B 两相上，可增强稳定信号。另每转输出一个 Z 相脉冲以代表零位参考位。

由于 A、B 两相相差 90°，可通过比较 A 相在前还是 B 相在前，以判别编码器的正转与反转。通过零位脉冲，可获得编码器的零位参考位。

5.2.3 使用方法

1. 接线

E6B2-CWZ6C 编码器有 5 条引出线，需要知道每条线代表的是什么端口，可以接在 Arduino 的什么引脚上。

从表 5.3 可知，E6B2-CWZ6C 编码器的褐色线端需要接入+5~24V 的电源，所以这是编码器的正极电源端口；蓝色线端需要接入 0V 电源，所以这就是编码器的负极电源端口；黑色线端是编码器的 A 相输出，白色线端是编码器的 B 相输出，橙色线端是编码器的 Z 相输出。根据编码器的工作原理，即可按图 5.7 所示的进行接线。

表 5.3 引出线对应的端口

引出线（线色）	端口名
褐色	电源+5~24V
蓝色	0V（COMMON）
黑色	A 相输出
白色	B 相输出
橙色	Z 相输出

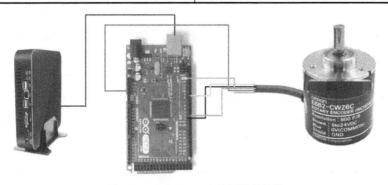

图 5.7 E6B2-CWZ6C 编码器的接线

连线时，褐色线端（正极端口）接入 Arduino Mega 2560 的 5V 接口，蓝色线端（负极端口）接入 Arduino Mega 2560 的 GND 接口，黑色线端（A 相输出）连接 Arduino Mega 2560 的 2 端口，白色线端（B 相输出）接入 Arduino Mega 2560 的 8 端口，橙色线端（Z 相输出）接入 Arduino Mega 2560 的 3 端口，最后将 Arduino Mega 2560 的串口线接入计算机的 USB 接口。

2. 上传程序

（1）使用"Ctrl+Alt+T"组合键打开一个新的终端，输入以下命令，打开 Arduino-IDE

(见图 5.8):

```
$ arduino
```

图 5.8 打开 Arduino-IDE

(2)如图 5.9 所示,单击"File"→"Open…",或者使用"Ctrl+O"组合键,打开编码器 Arduino 驱动程序。

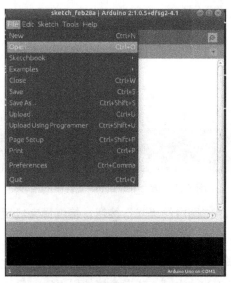

图 5.9 单击"File"→"Open…"

（3）找到"~Art_table/driver_top/Arduino_control/sketchbook/src/e6b2_sensor"目录下的 e6b2_sensor.ino 文件，打开该文件，如图 5.10 所示。

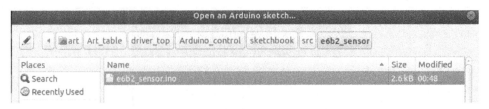

图 5.10　打开 e6b2_sensor.ino 文件

e6b2_sensor.ino 文件中的内容如图 5.11 所示。

图 5.11　e6b2_sensor.ino 文件中的内容

（4）如图 5.12 所示，单击图中的"√"按钮，待编译完成后，单击"→"按钮即可上传代码到 Arduino Mega 2560。

3．Arduino-IDE 窗口监控数据

单击"Tools"→"Serial Monitor"，或者直接使用"Ctrl+Shift+M"组合键，打开 Arduino 串口监视器（见图 5.13）。

图 5.12　上传代码到 Arduino Mega2560 的操作

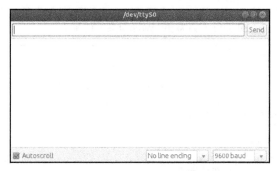

图 5.13　Arduino 串口监视器

这时只须转动编码器就可以在 Arduino 串口监视器中看到 Arduino Mega 2560 读取到的编码器数据了。

5.3　编码器 ROS 驱动

现在已知编码器的使用方法了，接下来可以根据编码器的 Arduino 程序，添加相关 ROS

节点通信，使得编码器获取的数据可以通过 Arduino 与上位机进行串口通信。

（1）使用"Ctrl+Alt+T"组合键打开一个终端，输入以下命令，进入 Arduino 工作空间：

```
$ cd Arduino
```

（2）输入以下命令，创建 encoder_node 源码文件夹：

```
$ mkdir encoder_node
```

（3）输入以下命令，使用 vim 命令创建 encoder_node.ino 源码文件：

```
$ vim encoder_node_.ino
```

（4）在 vim 编辑器中使用键盘中的"I"键插入以下代码。
- 载入头文件：

```
#include <ros.h>
#include <float.h>
#include <geometry_msgs/Twist.h>
```

- 添加 ROS 节点句柄 nh：

```
ros::NodeHandle nh;
```

- 定义 geometry_msgs 的 Twist 类型的 twist_msg 对象：

```
geometry_msgs::Twist twist_msg;
```

- 定义 ROS 节点发布的话题名称为"cmd_vel_E6B2"、数据为"twist_msg"的对象：

```
ros::Publisher cmd_vel_pub("cmd_vel_E6B2", &twist_msg);
```

- 宏定义 Arduino 引脚：

```
#define PinA 2 //外部中断 0
#define PinZ 3 //外部中断 1
#define PinB 8 //编码器的 OUT_B 信号连接到数字端口 8
```

- 变量初始化：

```
unsigned long time1 = 0; // 时间标记
float time_cw;
float time_ccw;
long count = 0;
```

第 5 章 编码器传感器

```
long count_check = 0;
const float d = 60; //轮子的直径
const float pi = 3.141592654;//圆周率
int num = 0;//圈数
double t;//一圈的运动时间
float velocity = 0;
double time3;//外部中断 1 产生时的时间，即捕捉到 Z 相的置零信号时，用于在 loop 循
环内进行一圈时间长短的计算

int ros_code = 1;//调试开关

int isFiniteNumber(double d){
    return (d<=DBL_MAX&&d>=-DBL_MAX);
}
```

- 编码器计数中断子程序：

```
void Encode()
{
```

- 为了不计入噪音干扰脉冲，当 2 次中断之间的时间大于 5ms 时，计一次有效计数：

```
if ((millis() - time1) > 5)
{
    //当编码器码盘的 OUTA 脉冲信号为下跳沿时中断一次
    if ((digitalRead(PinA) == LOW) && (digitalRead(PinB) == HIGH))
    {
        count--;
    }
    else
    {
        count++;
    }
}
time1 == millis();
count_check = 1;
}
void Set_state()
{
count = 0;
```

```
        time3 = millis();//发生中断时的时间
    }
    void setup()
    {
         if (ros_code == 1) nh.initNode();
```

- 因为编码器为欧姆龙 E6B2-CWZ6C，为开漏输出，因此需要上拉电阻，此处采用 Arduino 的内部上拉输入模式，置高：

```
        pinMode(PinA, INPUT_PULLUP);
        pinMode(PinB, INPUT_PULLUP);
        pinMode(PinZ, INPUT_PULLUP);
        /* 脉冲中断函数：捕捉 A 相信号，并判断 A、B 相先后顺序 */
        attachInterrupt(0, Encode, FALLING);
        /* 用于在捕捉到 Z 相的零信号时，进行状态置零 */
        attachInterrupt(1, Set_state, FALLING);
      if (ros_code == 1) nh.advertise(cmd_vel_pub);
        Serial.begin (57600);
    }
    void loop()
    {
        double distance;
```

- 编写编码器正传程序：

```
    /* 编码器正转 */
      if (count == 500 || count == 400)
      {
        if (ros_code == 0) Serial.println("forward");//调试用
        if (ros_code == 0) Serial.println(count);    //调试用
        num = num + 1;
        time_cw = millis();
        t = time_cw - time3;
        distance = num * d * pi / 10;
        velocity = d * pi / t;
```

- 将计算出的速度值赋值给 twist_msg 对象的 linear.x 成员变量：

```
      if (ros_code == 1){
        twist_msg.linear.x = velocity;
```

第 5 章 编码器传感器

```
    twist_msg.linear.y = 0;
    twist_msg.linear.z = 0;
    twist_msg.angular.x = 0;
    twist_msg.angular.y = 0;
    twist_msg.angular.z = 0;
```

- 将 twist_msg 对象数据发布 ROS 节点话题：

```
    cmd_vel_pub.publish(&twist_msg);
    nh.spinOnce();
    delay(500);
```

- 将 twist_msg 对象数据恢复初始值发布 ROS 节点话题：

```
        twist_msg.linear.x = 0;
        twist_msg.linear.y = 0;
        twist_msg.linear.z = 0;
        twist_msg.angular.x = 0;
        twist_msg.angular.y = 0;
        twist_msg.angular.z = 0;

        cmd_vel_pub.publish(&twist_msg);
        nh.spinOnce();
        delay(100);

    } else {
```

- 在终端打印调试日志：

```
        Serial.print("The wheel has run ");
        Serial.print(distance); Serial.println("cm.");
        Serial.print("The cw_speed is ");
        Serial.print(velocity); Serial.println("mm/ms.");
        Serial.print("The time is ");
        Serial.print(t); Serial.println("ms.");
    }
}
```

- 编码器正转程序写完了，反转程序也用相同方法编写，仅需要产生的速度值为负数即可：

```
/* 编码器反转 */
if (count == -500 || count == -400)
{
  if (ros_code == 0) Serial.println("back");//调试用
  if (ros_code == 0) Serial.println(count);//调试用
  num = num + 1;
  time_ccw = millis();
  t = time_ccw - time3;
  distance = num * d * pi / 10;
  velocity = d * pi / t;
  if (ros_code == 1){
    twist_msg.linear.x = 0 - velocity;
    twist_msg.linear.y = 0;
    twist_msg.linear.z = 0;
    twist_msg.angular.x = 0;
    twist_msg.angular.y = 0;
    twist_msg.angular.z = 0;
    cmd_vel_pub.publish(&twist_msg);
    nh.spinOnce();
    delay(500);
    twist_msg.linear.x = 0;
    twist_msg.linear.y = 0;
    twist_msg.linear.z = 0;
    twist_msg.angular.x = 0;
    twist_msg.angular.y = 0;
    twist_msg.angular.z = 0;
    cmd_vel_pub.publish(&twist_msg);
    nh.spinOnce();
    delay(100);
  } else {
    Serial.print("The wheel has run ");
    Serial.print(distance); Serial.println("cm.");
    Serial.print("The ccw_speed is ");
    Serial.print(velocity); Serial.println("mm/ms.");
    Serial.print("The time is ");Serial.print(t); Serial.println("ms.");
  }
}
```

第 5 章 编码器传感器

```
        count_check = 0;
    }
```

（5）添加 roslib 库（已于第 4.3 节完成）。如果没有添加 roslib 库，需要按照 4.3 节中的内容操作，这里不再赘述 roslib 库的添加过程。

（6）编译和上传 encoder_node.ino 程序与编译 sound_sensor_node.ino 程序类似，使用 Arduino-IDE 打开 encoder_node.ino 文件，单击 Arduino-IDE 的编译和上传按钮。

（7）使用 pub_odome_E6b2 功能包，将编码器的速度数据转换为里程数据，并发布。

至此，编码器 ROS 驱动程序的编写与将其烧写到 Arduino 的工作就完成了。在 Arduino 通电并且串口与上位机 USB 接口相连接的前提下，编码器就能通过 Arduino 和上位机进行数据通信了。

但是目前仅将编码器码值转换成了速度值，如果需要计算车辆走了多远，还需要将速度值转为里程值，所以还需要一个编码器的里程转换功能包（pub_odome），该功能包已存在于 Art_table 框架中。该功能包的路径为~/Art_table/driver_top/Catkin_ws/src/pub_odome，速度值转里程值程序位于 pub_odome 功能包的 src 目录下。接下来看看 pub_odome_E6B2.cpp 需要做些什么才能将速度值转换为里程值。

- 加载头文件：

```
/* 加载 ros 类实现 */
#include <ros/ros.h>
/*tf 包提供了 TransformBroadcaster 类的实现,帮助简化 tf 发布转换的任务*/
#include <tf/transform_broadcaster.h>
/* 加载里程数据类 */
#include <nav_msgs/Odometry.h>
/* 加载速度数据类 */
#include <geometry_msgs/Twist.h>
```

- 初始化线速度，即 x、y、th：

```
double x = 0.0;
double y = 0.0;
double th = 0.0;
```

- 初始化角速度，即 vx、vy、vth：

```
double vx = 0.0;
double vy = 0.0;
double vth = 0.0;
```

- 订阅/cmd_vel 主题回调函数：

```
void callback(const geometry_msgs::Twist & cmd_vel)
{
    ROS_INFO("Sub cmd_vel successe !\n");
    ROS_INFO("Linear Components:[%f,%f,%f]",cmd_vel.linear.x,cmd_vel.linear.y,cmd_vel.linear.z);
    ROS_INFO("Angular Components:[%f,%f,%f]",cmd_vel.angular.x,cmd_vel.angular.y,cmd_vel.angular.z);
    /* 获取/cmd_vel 的角速度,rad/s */
    vth = cmd_vel.angular.z ;
    /* 获取/cmd_vel 的线速度,m/s */
    vx = cmd_vel.linear.x ;
    /* 在 ROS 日志中打印 vth 值 */
    ROS_INFO("vth : %f\n", vth);
    /* 在 ROS 日志中打印 vx 值 */
    ROS_INFO("vx : %f\n", vx);
}

/* 主函数 */
int main(int argc, char** argv){
```

- 因为 E6B2_CWZ6C 编码器的 USB 接口名为"ACM0"，所以定义初始化节点名为"cmd_vel_to_odm_ACM0"，方便辨认：

```
ros::init(argc, argv, "cmd_vel_to_odom_ACM0");
/* 添加 ROS 句柄 */
ros::NodeHandle n;
/* 添加接收话题，接收话题名为 cmd_vel_ACM0 */
ros::Subscriber sub = n.subscribe("cmd_vel_ACM0", 20, callback);
/* 发布里程计话题，名为 odom */
ros::Publisher odom_pub = n.advertise<nav_msgs::Odometry>("odom", 20);
/* 添加 tf 坐标转换 */
tf::TransformBroadcaster odom_broadcaster;
/* 记录 ROS 程序时间 */
ros::Time current_time, last_time;
current_time = ros::Time::now();
last_time = ros::Time::now();
```

第 5 章 编码器传感器

```
    /* 设置循环的频率为 10Hz */
    ros::Rate r(10);
    /* 在 ROS 节点没有退出的情况下进行循环 */
    while(n.ok()){
        /* 记录 ROS 程序时间 */
        current_time = ros::Time::now();
        /* 计算 x、y 轴方向的距离和角速度 */
        /* 计算当前程序的运行时间间隔 */
        double dt = (current_time - last_time).toSec();
        /* 计算 x 轴方向的运行距离 */
        double delta_x = (vx * cos(th) - vy * sin(th)) * dt;
        /* 计算 y 轴方向的运行距离 */
        double delta_y = (vx * sin(th) + vy * cos(th)) * dt;
        /* 计算所转过的弧度值 */
        double delta_th = vth * dt;
        / * 将 x、y 轴方向的行驶路程和转过的弧度进行累加 */
        x += delta_x;
        y += delta_y;
        th += delta_th;
```

- 由于所有的里程表都是 6 自由度的,所以需要一个由偏航产生的四元数,这里使用 ROS 提供的偏航角与四元数相互转换的功能获得:

```
    geometry_msgs::Quaternion odom_quat
            = tf::createQuaternionMsgFromYaw(th);
```

- 发布前首先添加 tf 变化,定义一个 tf 变化类,名为 odom_trans:

```
    geometry_msgs::TransformStamped odom_trans;
    /* 将当前时间戳数据记录到 odom_trans 类的 header.stamp 成员 */
    odom_trans.header.stamp = current_time;
```

- 将发布的 tf 变化取名为 odom,并赋值到 odom_trans 类的 header.frame_id 成员中:

```
    odom_trans.header.frame_id = "odom";
```

- 设置 tf 变化的子帧 id 名为 base_link,并赋值到 odom_trans 类的 child_frame_id 成员中:

```
    odom_trans.child_frame_id = "base_link";
```

- 将当前累加得到的 x、y、z 和创建的 odom_quat 四元数赋值到 tf 变化:

```
odom_trans.transform.translation.x = x;
odom_trans.transform.translation.y = y;
/* z 值为 0 的原因是当前只考虑在平地的行驶情况 */
odom_trans.transform.translation.z = 0.0;
odom_trans.transform.rotation = odom_quat;
/* 发布 tf 变化 */
odom_broadcaster.sendTransform(odom_trans);
/* 接下来发布 odom 里程数据到 ROS 中 */
/* 定义里程计类，名为 odom */
nav_msgs::Odometry odom;
/* 将当前时间戳数据记录到 odom 类的 header.stamp 成员中 */
odom.header.stamp = current_time;
/****************************************************
* 设置发布的里程数据帧 id 名为 odom
* 并赋值到 odom 类的 header.frame_id 成员中
****************************************************/
odom.header.frame_id = "odom";
/****************************************************
* 设置里程计数据的子帧 id，名为 base_link
* 并赋值到 odom 类的 child_frame_id 成员中
****************************************************/
odom.child_frame_id = "base_link";
/****************************************************
* 将累计的 x、y、z 和创建的 odom_queat 四元数
* 赋值到 odom 类成员中
****************************************************/
odom.pose.pose.position.x = x;
odom.pose.pose.position.y = y;
odom.pose.pose.position.z = 0.0;
odom.pose.pose.orientation = odom_quat;
/* 赋值 x 轴线速度到 odom 类的 twist.twist.linear.x 成员中 */
odom.twist.twist.linear.x = vx;
/* 赋值 y 轴线速度到 odom 类的 twist.twist.linear.y 成员中 */
odom.twist.twist.linear.y = vy;
/* 赋值角速度到 odom 类的 twist.twist.angular.z 成员中 */
odom.twist.twist.angular.z = vth;
/* 将 odom 类的所有成员数据发布到 ROS 话题 */
```

```
                    odom_pub.publish(odom);
                    /* 记录 ROS 程序当前时间 */
                    last_time = current_time;
                    /* 等待节点程序运行 */
                    r.sleep();
                    /* 等待回调函数运行结束 */
                    ros::spinOnce();
            }
        }
```

注意，若要查看 pub_odome_E6B2.cpp 程序内容，需要在终端输入以下命令查看：

```
        $ vim ~/art_table-runtime/driver_top/Catkin_ws/src/pub_odome/src/pub_
odome_E6B2.cpp
```

至此，编码器的 ROS 驱动和速度值转里程值程序都已完成，接下来可以使用 Rviz 数据可视化工具，观察编码器转动的速度和里程计在实际中的累加过程。能够准确获取车辆的速度值并能将其转换为里程，对上层的定位、路径规划、决策等有着至关重要的作用。

接下来看看编码器通过 Arduino 向上位机都发送了什么数据。

5.4 编码器 ROS 通信数据分析

5.4.1 启动编码器 ROS 节点程序

使用 "Ctlr+Alt+T" 组合键打开一个新的终端，在终端输入以下命令，启动 ROS Master、车辆模型、控制命令转里程计节点程序和 Arduino 串口通信节点程序：

```
        $ roslaunch move_car move_car_by_E6B2_CWZ6C.launch
```

运行该命令后，桌面出现带有小车模型和箭头的 Rviz 窗口，如图 5.14 所示。

5.4.2 查看传感器节点数据

（1）使用 "Ctrl+Alt+T" 组合键打开一个终端，运行 rostopic 命令查看/cmd_vel_E6B2 的数据。运行完以下命令后终端的输出如图 5.15 所示，因为编码器并没有转动，所以当前终端并没有刷新数据：

```
        $ rostopic echo /cmd_vel_E6B2
```

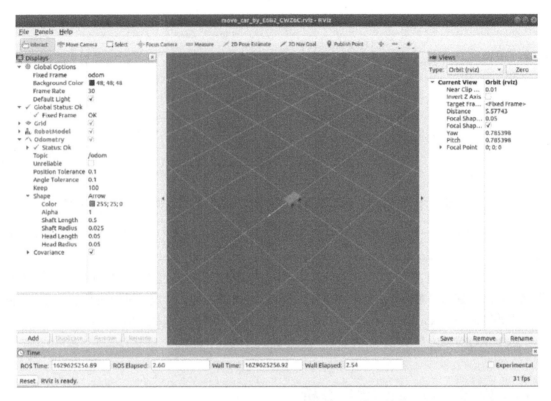

图 5.14 Rviz 窗口

图 5.15 终端的输出（1）

（2）使用"Ctrl+Alt+T"组合键打开一个终端，运行 rostopic 命令查看/odom 的数据。运行完以下命令后终端的输出，如图 5.16 所示：

```
$ rostopic echo /odom
```

（3）手动转动编码器，可以发现 Rviz 窗口中的模拟小车在跟着编码器转动的方向移动，如图 5.17 所示。并且在使用 rostopic 命令查看的终端上也刷新了/cmd_vel_E6B2 和/odom 的数据，如图 5.18 所示。

```
(Art_table) ubuntu@ubuntu-H81U:~$ rostopic echo /odom
header:
  seq: 17338
  stamp:
    secs: 1646124421
    nsecs: 679869990
  frame_id: "odom"
child_frame_id: "base_link"
pose:
  pose:
    position:
      x: 0.811539142417
      y: 0.0
      z: 0.0
    orientation:
      x: 0.0
      y: 0.0
      z: 0.0
      w: 1.0
  covariance: [0.0, 0.0, 0.0, 0.0, 0.0, 0.0, 0.0, 0.0, 0.0, 0.0, 0.0, 0.0, 0.0,
0.0, 0.0, 0.0, 0.0, 0.0, 0.0, 0.0, 0.0, 0.0, 0.0, 0.0, 0.0, 0.0, 0.0, 0.0, 0.0,
0.0, 0.0, 0.0, 0.0, 0.0, 0.0, 0.0]
twist:
```

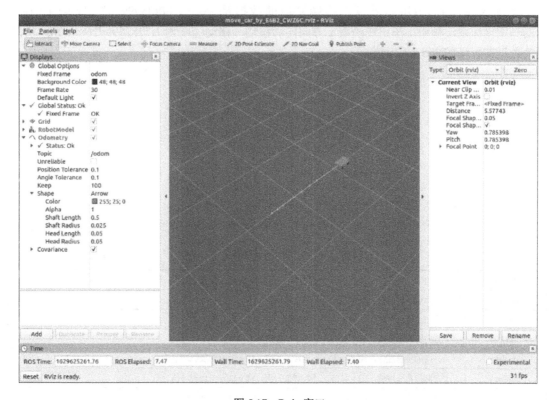

图 5.16　终端的输出（2）

图 5.17　Rviz 窗口

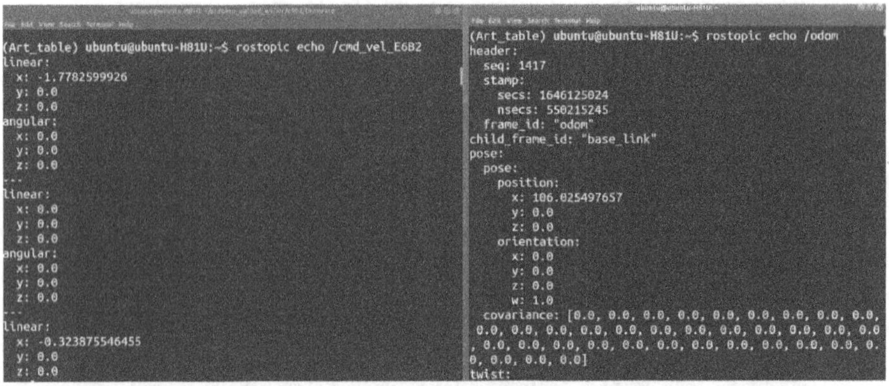

(a)　　　　　　　　　　　　　　　(b)

图 5.18　终端的输出（3）

1. /cmd_vel_E6B2 数据分析

从图 5.18（a）中可以看到，终端刷新的数据是"x:-1.7782599926"，依据图 5.19 所示的右手坐标系，模型小车正在沿着 x 方向向后移动，移动速度为 1.7782599926mm/ms，所有相关数据的解释如表 5.4 所示。

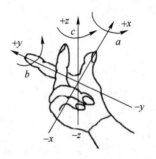

图 5.19　右手坐标系

表 5.4　所有相关数据的解释

数据名	解释
linear x	x 方向的线速度值，前进值为正，后退值为负
linear y	y 方向的线速度值，左转值为正，右转值为负
linear z	z 方向的线速度值，上平移值为正，下平移值为负
angular x	x 方向的角速度值，绕 x 轴方向正旋转值为正，绕 x 轴方向反旋转值为负
angular y	y 方向的角速度值，绕 y 轴方向正旋转值为正，绕 y 轴方向反旋转值为负
angular z	z 方向的角速度值，绕 z 轴方向正旋转值为正，绕 z 轴方向反旋转值为负

2. /odom 数据分析

接下来分析/odom 的数据。/odom 是里程计话题，该话题根据编码器发布的速度信息进行转换，用于表示在行驶时间内走过的距离，并可以在 Rviz 数据可视化工具中用箭头路径显示出来。根据图 5.16（b）所示的终端输出分析，/odom 话题发布了以下消息：

```
# 报头
Header header
# 子帧 id
string child_frame_id
# 位姿数据及其协方差
geometry_msgs/PoseWithCovariance pose
# 转动数据及其协方差
geometry_msgs/TwistWithCovariance twist
```

对以上消息进行展开就是：

```
# 基本数据类型/报头
std_msgs/Header header
# 储存原始数据类型 uint32
  uint32 seq
  # 储存 ROS 中的时间戳信息
  time stamp
  # 用于表示和此数据相关联的帧，在坐标系变化中可理解为数据所在的坐标系名称
  string frame_id
# 子帧 id
string child_frame_id
# 位姿数据及其协方差
geometry_msgs/PoseWithCovariance pose
  # 里程消息/位姿
  geometry_msgs/Pose pose
    # x 轴方向位姿
    float64 x
    # y 轴方向位姿
    float64 y
    # z 轴方向位姿
    float64 z
  # 里程消息/四元数定位
  geometry_msgs/Quaternion orientation
    # x 轴方向定位信息
    float64 x
```

```
        # y 轴方向定位信息
        float64 y
        # z 轴方向定位信息
        float64 z
        # 实数
        float64 w
    # 位姿协方差矩阵
    float64[36] covariance
# 里程消息/转动数据及其协方差
geometry_msgs/TwistWithCovariance  twist
    # 里程消息/转动数据
    geometry_msgs/Twist twist
        # 里程消息/三位向量 线速度数据
        geometry_msgs/Vector3 linear
            # x 轴方向线速度
            float64 x
            # y 轴方向线速度
            float64 y
            # z 轴方向线速度
            float64 z
        # 里程消息/三位向量 角度数据
        geometry_msgs/Vector3 angular
            # x 轴方向线速度
            float64 x
            # y 轴方向线速度
            float64 y
            # z 轴方向线速度
            float64 z
    # 位姿协方差矩阵
    float64[36] covariance
```

由以上可知/odom 话题发布的各个数据所代表的含义，同时也对应了速度值、里程计值和 tf 坐标变化转换这一过程。

第6章 惯性传感器

6.1 惯性传感器分类

惯性传感器是检测和测量加速度、倾斜、冲击、振动、旋转、多自由度运动的传感器，是导航、定向和运动载体控制的重要组成部分。惯性传感器分为两类：角速度陀螺仪和线加速度计。

惯性测量单元（Inertial Measurement Unit，IMU）是测量物体三轴姿态角（或角速率）和加速度的装置。陀螺仪和加速度计是惯性导航系统的核心装置。通过内置加速度传感器和陀螺仪，IMU 可以从 3 个方向测量线性加速度和旋转角速率，并通过求解它们获得关于载波姿态、速度和位移的信息。

微机电系统（Micro Electro Mechanical System，MEMS）中的低精度惯性传感器用于手机、GPS 导航、游戏机、数码相机、音乐播放器、无线鼠标、PD、硬盘保护器、智能玩具、计步器、安全防盗系统等。对于加速度测量、倾斜测量、振动测量甚至旋转测量等基本测量功能，有待挖掘的消费电子应用会不断出现。

中级精度微机电系统惯性传感器主要应用于汽车电子稳定系统（ESP 或 ESC）、GPS 辅助导航系统、汽车安全气囊、车辆姿态测量、精密农业、工业自动化、大型医疗设备、机器人、仪器仪表、工程机械等领域。

高精度微机电系统惯性传感器作为军用级和宇航级产品，要求高精度、全温区和抗冲击性能。主要用于通信卫星无线、导弹导引头、光学瞄准系统等稳定应用,以及飞机/导弹飞行控制、姿态控制、偏航阻尼等控制应用和中程导弹制导、惯性 GP 战场机器人。

6.1.1 角速度陀螺仪

角速度陀螺仪是单自由度陀螺仪的一种,如图 6.1 所示。与两自由度陀螺仪相比,它在结构上缺少一个外框架,即转子缺少一个转动自由度。角速度陀螺仪绕输出轴的转动主要受弹性约束,在稳态时用弹性约束力矩平衡陀螺力矩,其输出信号与输入角速度成比例关系。角速度陀螺仪不仅可以用于测量角速度信息,也可以在惯导系统中用于求解姿态信息。

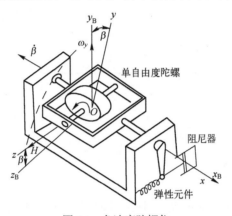

图 6.1 角速度陀螺仪

角速度陀螺仪由单自由度陀螺、弹性元件、阻尼器等组成。其中,单自由度陀螺由一个框架和转子构成,用于敏感转角、角速度、角加速度等信息;弹性元件用于提供弹性约束,当陀螺仪相对壳体转动一个角度时,弹性元件就会产生和其偏转方向相反的弹性约束力矩;阻尼器用于提供粘性约束,当陀螺仪相对壳体有一个角速度时,阻尼器会产生与其转动方向相反的阻尼力矩;信号传感器用于信号的输出。

图 6.2 线加速度计

6.1.2 线加速度计

线加速度计,如图 6.2 所示,英文全称为 Linear Accelerometer Unit,简称 LAU,它是惯性导航、惯性制导和控制检测设备的惯性敏感元件,其输出与其载体(飞机、导弹、汽车等)的运动加速度成比例或成一定函数关系,广泛用于航空、航海、宇航及武器的制导与控制中。

线加速度计是惯性测量与导航系统中的主要惯性元件之一。由于其体积小、质量轻,以及灵敏度高,在现代高科技领域中得到广泛应用。近年来,随着微机电系统工艺的迅速发展,各种新型结构的数字线阵式力传感器不断涌现。当前,国内对力再平衡摆片式加速度计的研究较多,但国外对这种类型的加速度计研究较少。随着科技的进步和人们对加速度计性能要求的提高,数字化的石英振梁式加速度计得到了迅速发展。而随着微电子加工技术和惯性技术的飞速发展,微硅加速度计也得到广泛应用。

测量加速度的方法有很多,对应每种测量方法可以制造出几种不同形式的加速度计。种类繁多的加速度计有各种分类方法。其中,按检测质量的运动方式,加速度计可分为线位移加速度计和摆式加速度计,前者是测量检测质量沿导轨方向的直线位移量,后者是测量检测质量绕支承摆动而产生的角位移量。

按测量系统的形式分,加速度计有开环式和闭环式两类。开环式加速度计又称为简单加速度计,被测的加速度值经敏感元件、信号传感器、放大器变成电信号直接输出。这种加速度计构造简单、体积小、成本低,但精度较低。闭环式加速度计又称为力平衡式加速度计(又称力反馈加速度计或伺服加速度计),被测的加速度变成电信号后,加到力矩器上,使活动机构恢复平衡位置。由于采用了力反馈回路,该加速度计精度高,抗干扰能力强。

按输出信号分,有加速度计、积分加速度计和双重积分加速度计,其分别提供加速度、速度和距离信息。按测量的自由度分,有单轴、双轴、三轴加速度计。按测量加速度的原理分,有压电、振弦、振梁、光学和摆式加速度计。按支承方式分,有液浮、挠性和静电加速度计。

目前,闭环式加速度计(力平衡式加速度计)占据了加速度计的主要市场,这不仅是因为它体积较小、结构简单、牢固可靠,还因为其可以通过不同设计满足不同性能和应用的要求。力平衡加速度计可以按照捷联式或框架式两种模式工作,输出可以数字化。美国贝尔实验室、利顿公司、基尔福特公司、森德斯坦公司等均生产力平衡式加速度计。最精确的力平衡式加速度计是脉冲积分摆式加速度计(PIPA),它是一种悬浮单自由度且基本无约束力的器件,采用数字方法控制扭矩产生脉冲保持摆处于零位。PIPA 现在用于潜艇发射的战略导弹,其精度受非线性误差的限制。

现在已经研制出了各种形式的加速度计,其中最主要的是摆式积分陀螺加速度计(PIGA),它被广泛地应用于战略导弹制导中。PIGA 是一种线性器件,具有较宽的动态范围和很高的分辨率,因此在战略导弹推进轴上应用广泛,特别适合于对精度要求比较高的加速度计进行测量,其目前已成为世界上最先进的加速度计之一,可广泛应用于各种武器系统中。美国的霍尼威尔公司、利顿公司和萨基姆(Sagem)公司,以及俄罗斯的一些公司等都已经生产这种产品了。

开环变电容式加速度计和石英振梁式加速度计是目前应用最广泛的产品,但由于其结构简单和成本低廉等原因,它们在使用过程中往往需要采用复杂的补偿方法才能保证输出信号的稳定性和精度。而微机电系统技术则为解决这些问题提供了一个很好的途径。目前,微硅加速度计的研发优势正在显现。

线加速度计主要应用于飞行器、制导和导航系统等领域，如基准台、调平系统、地质探矿钻孔测斜角系统、建筑物基础及路桥监测系统、车辆调平与防撞系统等，具有广阔的市场需求。

（1）力平衡摆式加速度计几乎占领了高精度加速度计的全部市场。因此,应该继续改进液浮摆、挠性摆和石英摆式加速度计的性能，以满足对高精度加速度计的需求。

（2）由于对输出数字化、大动态范围、高分辨率的迫切要求,石英振梁式加速度计的发展非常迅速。预计未来其在几微克到 1mg 的应用领域将有广泛的应用。

（3）微机械加速度计采用了固态电子工业开发的加工技术，能够像制造集成电路那样来生产加速度计，并且可以把器件和信号处理电路集成在同一块硅片上，实现了真正意义上的机电一体化，因而其具有成本低、可靠性高、尺寸小、质量轻和可大批量生产的优点，在军用和民用中有巨大的潜力，是加速度计发展的一个重要方向。

回顾线性加速度传感器的发展历程，我们可以清楚地看到，直线加速度传感器从结构复杂、造价高发展到结构简单、造价低廉且性能不断提高的过程中，出现了许多新型技术与新方法。

随着微电子技术的迅猛发展,单晶硅成为当代信息社会最重要的工业原料之一，用硅来制造加速度计是近 10 年来加速度计的研究热点，由于硅的独特品质，其良好的可加工性，适于批量生产，因而加速度计的成本大为降低，使得它在多种领域得到广泛应用。虽然各国研究人员尝试了多种结构，取得一定成果，但微硅加速度计的性能近期仍处于中档水平。采用更好的结构和信号处理电路，提高微硅加速度计的性能，是今后加速度计研究领域的重要课题。

6.2 常用惯性传感器 9DoF Razor IMU

加速度计、陀螺仪、倾角仪等均为常用的惯性传感器。随着微机电系统技术的发展，六轴经常被用于手机、无人驾驶车辆、无人机和机器人等各类移动产品中。

本节将重点介绍 9DoF Razor IMU（惯性测量单元）传感器，其实物如图 6.3 和图 6.4 所示，其集成了一个 MPU-9250 9DoF 传感器和一个 32 位的 SAMD21 微处理器。这个模块是一个可重复编程的、多用途的惯性传感器模块。它可以编程监控和记录运动，通过串行端口传输欧拉角，甚至可以作为一个步数计步器。

9DoF Razor IMU 传感器的特点是集成了 3 个三轴传感器（加速度计、陀螺仪和磁力计），具备测量加速度、转动角速度和磁场矢量的能力。板载微处理器 Atmel 的 SAMD21 是 Arduino 兼容的 32 位 ARM Cortex-M0+微控制器，兼容 Arduino Zero 和 SAMD21 Mini 开发板。

9DoF Razor IMU 包括 SD 内存卡卡槽、电池充电器、电源控制开关，以及一系列的 I/O

扩展端口。9DoF Razor IMU 已经预先烧写了一个 Arduino 兼容的引导程序，如果需要自定义固件和编写新代码，可以通过 USB 连接烧写程序。

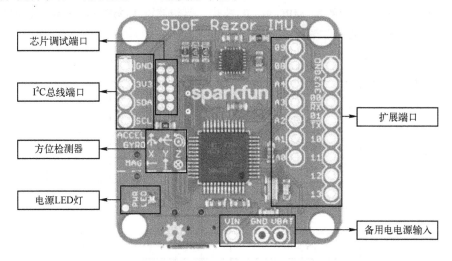

图 6.3　9DoF Razor IMU 传感器实物（1）

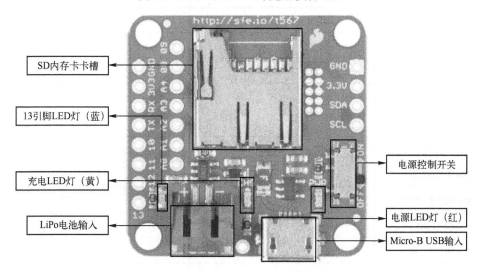

图 6.4　9DoF Razor IMU 传感器实物（2）

9DoF Razor IMU 只需要一根 USB 线就可以烧写程序，还可以通过这根 USB 线向 PC 发送数据，这些数据可以实时地存储在 SD 内存卡里面，非常方便。

6.2.1 参数特征

9DoF Razor IMU 采用的是 MPU 9250 芯片,要想使用 9DoF Razor IMU,就需要了解 MPU 9250 芯片的参数条件,如表 6.1 所示。

表 6.1 MPU 9250 芯片的参数条件

参数名称	条件	最小值	最大值	标准	单位
满量程	FS_SEL=0			±250	°/s
	FS_SEL=1			±500	°/s
	FS_SEL=2			±1000	°/s
	FS_SEL=3			±2000	°/s
陀螺仪 ADC 字长				16	bits
灵敏度比例因子	FS_SEL=0			131	LSB/(°/s)
	FS_SEL=1			65.5	LSB/(°/s)
	FS_SEL=2			32.8	LSB/(°/s)
	FS_SEL=3			16.4	LSB/(°/s)
灵敏度标度因子公差	25℃			±3	%
灵敏度标度系数随温度的变化	−40~+85℃			±4	%
非线性	最佳拟合直线 25℃			±0.1	%
交叉轴灵敏度				±2	%
初始氧化锆公差	25℃			±5	°/s
氧化锆随温度的变化	−40~+85℃			±30	°/s
总均方根噪声	DLPFCFG=2 (92Hz)			0.1	°/s-rms
速率噪声谱密度				0.01	°/$s\sqrt{Hz}$
陀螺仪机械频率		25	29	27	kHz
低通滤波器响应	可编程范围	5	250		Hz
陀螺仪启动时间	从睡眠模式			35	ms
输出数据速率	可编程,正常模式	4	8000		Hz

表 6.1 中的名词解释如下。
- °/s ：度每秒
- FS_SEL ：寄存器设置，不同值代表不同量程。
- LSB ：最低有效位。
- NSB ：最高有效位。
- rms ：单调速率调度，均方根。
- Hz ：赫兹。
- kHz ：千赫兹。
- ms ：毫秒

6.2.2 工作原理

以牛顿力学定律为基础，通过测量载体在惯性参考系中的加速度，将它对时间进行积分，且把它变换到导航坐标系中，这样就能够得到其在导航坐标系中的速度、偏航角和位置等信息。

具体来说就是，使用一个或多个加速度感应器，探测当前的加速度速率；使用一个或多个偏航陀螺仪，检测在方向、翻滚角度和倾斜姿态上的变化。有一些惯性测量单元还同时包括磁力计，主要用于协助校准方向漂移。

IMU 是运动惯性导航系统（用于飞机、航天器、船舶、无人驾驶飞机、无人机和导弹导航）的主要组件，这是因为惯性导航系统可以使用航迹推算的方法，即从 IMU 的传感器收集数据，然后根据计算机计算追踪飞行器的位置。最新的技术发展使 IMU 在 GPS 设备中也得到广泛应用。当 GPS 信号不可用（如隧道、建筑物内，或有其他电子干扰）时，IMU 能令 GPS 接收器继续工作。

因为设备只能在有限的时间间隔内收集数据，所以 IMU 在工作中总是使用平均值。如果一个加速度计能够以每秒一次的频率检索加速度，设备将会认为加速度在这一秒中始终为一个值，尽管加速度在这期间可能有很大的变化。

由于集成的原因，常数误差在加速度结果中会以二次线性的速度增长。通过 IMU，可以获得物体在三维空间中的姿态和角速度等。利用其他设备与 IMU 结合（如全球定位系统 GPS），还可以将 IMU 的运用推广到更多领域。

6.2.3 使用方法

1. 接线

由于 9DoF Razor IMU 传感器的集成度比较高，所以在接线时不需要转接器，使用 DC 数据线与 PC 的 USB 接口和 9DoF Razor IMU 传感器连接即可，如图 6.5 所示。

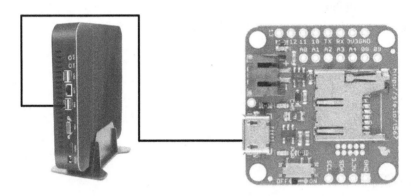

图 6.5　9DoF Razor IMU 的连接

2. 上传程序

（1）使用"Ctrl+Alt+T"组合键打开终端，输入以下命令，进入 Arduino 工作空间：

```
$ cd Arduino
```

（2）输入以下命令，创建 9DoF_Razor_M0_Firmware 源码文件夹：

```
$ mkdir encoder_node
```

（3）输入以下命令，使用 vim 命令先创建 config.h 头文件，管理默认日志记录参数，用于调整 IMU 的特定参数：

```
$ vim config.h
```

（4）在 vim 编辑器中使用键盘中的"I"键插入以下代码：

```
//////////////////////////////
// 默认的日志参数 //
//////////////////////////////
#define ENABLE_TIME_LOG         true
#define ENABLE_CALCULATED_LOG   true
#define ENABLE_ACCEL_LOG        true
#define ENABLE_GYRO_LOG         true
#define ENABLE_MAG_LOG          true
#define ENABLE_QUAT_LOG         false
```

第 6 章 惯性传感器

```
#define ENABLE_EULER_LOG        false
#define ENABLE_HEADING_LOG      false
/////////////////////////////////////
// 开启非易失性内存存储 //
/////////////////////////////////////
// 如果定义了，则必须安装 FlashStorage
#define ENABLE_NVRAM_STORAGE
///////////////////////
// 串口配置 //
///////////////////////
#define ENABLE_UART_LOGGING true
// 选择登录的串口：SERIAL_PORT_USBVIRTUAL
// 或 LOG_PORT SERIAL_PORT_HARDWARE (SerialUSB 或 Serial1)
#define LOG_PORT SERIAL_PORT_USBVIRTUAL
#define SERIAL_BAUD_RATE 115200 // Serial port baud
////////////////
// LED 配置 //
////////////////
#define HW_LED_PIN 13         // LED 连接到引脚 13
#define UART_BLINK_RATE 1000  // 仅 UART 日志记录时的闪烁率
///////////////////////////
// IMU 默认配置 //
///////////////////////////
// 注意：其中一些参数可以使用 serial 重写命令
// 这只是初始编程的默认值
#define DMP_SAMPLE_RATE       100 // 日志/DMP 采样率(4~200Hz)
#define IMU_COMPASS_SAMPLE_RATE 100 // 指南针采样率(4~100Hz)
#define IMU_AG_SAMPLE_RATE 100 // 加速度/陀螺仪采样率必须在 4Hz 到 1kHz
#define IMU_GYRO_FSR      2000 // 陀螺仪满量程(250, 500, 1000 或 2000)
#define IMU_ACCEL_FSR     2 // 加速度全量程 (2, 4, 8 或 16)
#define IMU_AG_LPF        5 // Accel/Gyro LPF 角频率(5, 10, 20, 42, 98 或 188Hz)
#define ENABLE_GYRO_CALIBRATION true
///////////////////////////
// SD 日志配置 //
```

```
////////////////////////
#define ENABLE_SD_LOGGING  true  // 默认SD日志(可以通过串行菜单更改)
#define LOG_FILE_INDEX_MAX  999  // logXXX.txt 文件的最大数量
#define LOG_FILE_PREFIX  "log"  // 日志文件的前缀名
#define LOG_FILE_SUFFIX  "txt"  // 日志文件的后缀名
#define SD_MAX_FILE_SIZE  5000000  // 文件最大为5MB，超过后递增到下一个文件
#define SD_LOG_WRITE_BUFFER_SIZE  1024  // SD日志写入缓冲大小
////////////////////////
// 串行命令 //
////////////////////////
#define PAUSE_LOGGING       ' '  // 用空格键来暂停SD/UART日志记录
#define ENABLE_TIME         't'  // 用t键来启用/禁用时间日志(ms)
#define ENABLE_ACCEL        'a'  // 用a键来启用/禁用加速度计日志(ax, ay, az)
#define ENABLE_GYRO         'g'  // 用g键开启/关闭陀螺仪日志(gx, gy, gz)
#define ENABLE_COMPASS      'm'  // 用m键来启用/禁用磁强计日志 (mx, my, mz)
#define ENABLE_CALC         'c'  // 用c键来启用/禁用计算值
#define ENABLE_QUAT         'q'  // 用 q 键来启用/禁用四元数日志记录(qw, qx, qy, qz)
#define ENABLE_EULER        'e'  // 用 e 键来启用/禁用估计的欧拉角(roll, pitch, yaw)
#define ENABLE_HEADING      'h'  // 用h键来启用/禁用估计的标题日志记录
#define SET_LOG_RATE        'r'  // 用r键从1~200Hz调整日志速率(10Hz增量)
#define SET_ACCEL_FSR       'A'  // 用A键设置加速度计FSR(2, 4, 8, 16g)
#define SET_GYRO_FSR        'G'  // 用 G 键设置陀螺仪 FSR (250, 500, 1000, 2000dps)
#define ENABLE_SD_LOGGING   's'  // 用s键来开启/关闭SD卡日志
////////////////////////////
// 硬件的定义 //
////////////////////////////
// 危险：除非使用不同的平台，否则不要改变
#define MPU9250_INT_PIN 4
#define SD_CHIP_SELECT_PIN 38
#define MPU9250_INT_ACTIVE LOW
```

（5）输入完以上代码后，按 ESC 键进入 vim 命令模式，输入":wq"并按回车键，保存 config.h 程序，接着继续使用 vim 编辑添加 9DoF_Razor_M0_Firmware.ino 源代码，在 vim 编辑器中按键盘中的"I"键，进入插入模式，输入以下内容：

```
/* MPU-9250 数字运动处理(DMP)库*/
#include <SparkFunMPU9250-DMP.h>
/* SD 库管理文件和硬件控制 */
#include <SD.h>
/* config.h 管理默认日志记录参数，用于调整 IMU 的特定参数 */
#include "config.h"
/* 闪存(用于 ATSAMD21 上的 NV 存储器) */
#ifdef ENABLE_NVRAM_STORAGE
#include <FlashStorage.h>
#endif
/* 创建一个 MPU9250_DMP 类的实例 */
MPU9250_DMP imu;

/***********************************************
* 记录控制全局变量
***********************************************/
/* 所有设置都在 config.h 中 */
bool enableSDLogging = ENABLE_SD_LOGGING;
bool enableSerialLogging = ENABLE_UART_LOGGING;
bool enableTimeLog = ENABLE_TIME_LOG;
bool enableCalculatedValues = ENABLE_CALCULATED_LOG;
bool enableAccel = ENABLE_ACCEL_LOG;
bool enableGyro = ENABLE_GYRO_LOG;
bool enableCompass = ENABLE_MAG_LOG;
bool enableQuat = ENABLE_QUAT_LOG;
bool enableEuler = ENABLE_EULER_LOG;
bool enableHeading = ENABLE_HEADING_LOG;
unsigned short accelFSR = IMU_ACCEL_FSR;
unsigned short gyroFSR = IMU_GYRO_FSR;
unsigned short fifoRate = DMP_SAMPLE_RATE;
/***********************************************
* SD 卡全局参数
***********************************************/
bool sdCardPresent = false; // Keeps track of if SD card is plugged in
String logFileName; // Active logging file
```

```
String logFileBuffer; // Buffer for logged data. Max is set in config
/*********************************************
* LED 闪烁控制
*********************************************/
//bool ledState = false;
uint32_t lastBlink = 0;
void blinkLED()
{
  static bool ledState = false;
  digitalWrite(HW_LED_PIN, ledState);
  ledState = !ledState;
}
#ifdef ENABLE_NVRAM_STORAGE
  /*********************************************
  * 闪存全局变量
  *********************************************/
  /* 日志参数都存储在非挥发性记忆体中 */
  /* 它们应该保持先前设置的配置值 */
  FlashStorage(flashEnableSDLogging, bool);
  FlashStorage(flashFirstRun, bool);
  FlashStorage(flashEnableSD, bool);
  FlashStorage(flashEnableSerialLogging, bool);
  FlashStorage(flashenableTime, bool);
  FlashStorage(flashEnableCalculatedValues, bool);
  FlashStorage(flashEnableAccel, bool);
  FlashStorage(flashEnableGyro, bool);
  FlashStorage(flashEnableCompass, bool);
  FlashStorage(flashEnableQuat, bool);
  FlashStorage(flashEnableEuler, bool);
  FlashStorage(flashEnableHeading, bool);
  FlashStorage(flashAccelFSR, unsigned short);
  FlashStorage(flashGyroFSR, unsigned short);
  FlashStorage(flashLogRate, unsigned short);
#endif
void setup()
{
  /* 初始化 LED，中断输入和串行端口 */
  // LED 灯默认关闭:
  initHardware();
```

```
#ifdef ENABLE_NVRAM_STORAGE
  // 从 nvram 加载以前设置的日志参数
  initLoggingParams();
#endif
  // 初始化 MPU-9250。成功后应返回 true
  if ( !initIMU() )
  {
    LOG_PORT.println("Error connecting to MPU-9250");
    while (1) ; // Loop forever if we fail to connect
    /* 在这种状态下 LED 将保持关闭状态 */
  }
  // 检查 SD 内存卡是否存在,并初始化它
  if ( initSD() )
  {
    sdCardPresent = true;
    /* 获取下一个可用的日志文件名 */
    logFileName = nextLogFile();
  }
  /* 仅用于测试 */
  /* 捕获 "$" 并进入测试模式 */
  Serial1.begin(9600);
}
void loop()
{
  // 循环检查新的串行输入
  if ( LOG_PORT.available() )
  {
    /* 如果在串行端口上有新的输入 */
    /* 分析 LOG_PORT.read()端口输入的内容 */
    parseSerialInput(LOG_PORT.read());
  }

  /* 检查 IMU 的新数据,并记录它 */
  /* 如果没有新的数据可用 */
  if ( !imu.fifoAvailable() )
    /* 回到循环的顶端 */
    return;
  /* 从数字运动处理器的 FIFO 读取 */
  if ( imu.dmpUpdateFifo() != INV_SUCCESS )
```

```
            /* 如果失败了(uh, oh),回到顶部 */
              return;
           /* 通过数据读取指南针进行条件判断 */
         if ((enableCompass || enableHeading) && (imu.updateCompass() != INV_
SUCCESS) )
            /* 如果失败了(uh, oh),回到顶部 */
              return;
           /* 如果启用了日志记录(到 UART 和 SD 卡) */
         if ( enableSerialLogging || enableSDLogging)
            /* 记录新数据 */
            logIMUData();
           /* 检查生产模式测试消息" $" */
           /* 监听串口是否接收到数据 */
           /* 对接收到的串行数据进行判断,如果条件成立,则跳转到 production_testing()函
数;如果不成立,则继续监听判断 */
              if ( Serial1.available() )
              {
                if ( Serial1.read() == '$' ) production_testing();
              }
         }
         void logIMUData(void)
         {
         /* 创建一个新的日志 */
           String imuLog = "";
           /* 如果启用时间记录 */
           if (enableTimeLog)
           {
            /* 向日志字符串添加时间 */
            imuLog += String(imu.time) + ", ";
           }
           /* 如果启用了加速度计日志记录 */
           if (enableAccel)
           {
            /* 如果处于计算模式 */
            if ( enableCalculatedValues )
            {
              imuLog += String(imu.calcAccel(imu.ax)) + ", ";
              imuLog += String(imu.calcAccel(imu.ay)) + ", ";
              imuLog += String(imu.calcAccel(imu.az)) + ", ";
            }
```

```
    else
    {
      imuLog += String(imu.ax) + ", ";
      imuLog += String(imu.ay) + ", ";
      imuLog += String(imu.az) + ", ";
    }
  }
  /* 如果启用陀螺仪日志记录 */
  if (enableGyro)
  {
    if ( enableCalculatedValues ) // If in calculated mode
    {
      imuLog += String(imu.calcGyro(imu.gx)) + ", ";
      imuLog += String(imu.calcGyro(imu.gy)) + ", ";
      imuLog += String(imu.calcGyro(imu.gz)) + ", ";
    }
    else
    {
      imuLog += String(imu.gx) + ", ";
      imuLog += String(imu.gy) + ", ";
      imuLog += String(imu.gz) + ", ";
    }
  }
  /* 如果启用磁力仪记录 */
  if (enableCompass)
  {
    /* 如果处于计算模式 */
    if ( enableCalculatedValues )
    {
      imuLog += String(imu.calcMag(imu.mx)) + ", ";
      imuLog += String(imu.calcMag(imu.my)) + ", ";
      imuLog += String(imu.calcMag(imu.mz)) + ", ";
    }
    else
    {
      imuLog += String(imu.mx) + ", ";
      imuLog += String(imu.my) + ", ";
      imuLog += String(imu.mz) + ", ";
    }
```

```
    }
/* 如果启用了四元数日志记录 */
  if (enableQuat) // If quaternion logging is enabled
  {
    if ( enableCalculatedValues )
    {
      imuLog += String(imu.calcQuat(imu.qw), 4) + ", ";
      imuLog += String(imu.calcQuat(imu.qx), 4) + ", ";
      imuLog += String(imu.calcQuat(imu.qy), 4) + ", ";
      imuLog += String(imu.calcQuat(imu.qz), 4) + ", ";
    }
    else
    {
      imuLog += String(imu.qw) + ", ";
      imuLog += String(imu.qx) + ", ";
      imuLog += String(imu.qy) + ", ";
      imuLog += String(imu.qz) + ", ";
    }
  }
/* 如果启用了欧拉角的日志记录 */
if (enableEuler)
{
  imu.computeEulerAngles();
  imuLog += String(imu.pitch, 2) + ", ";
  imuLog += String(imu.roll, 2) + ", ";
  imuLog += String(imu.yaw, 2) + ", ";
}
/* 如果启用了标题日志记录 */
if (enableHeading)
{
  imuLog += String(imu.computeCompassHeading(), 2) + ", ";
}

// 删除最后一个逗号/空格
imuLog.remove(imuLog.length() - 2, 2);
/* 添加一个新行 */
imuLog += "\r\n";
/* 如果启用了串口日志记录 */
if (enableSerialLogging)
```

```
  /* 打印日志行到串行端口 */
    LOG_PORT.print(imuLog);
  /* 打印日志行到串行端口 */
  if ( sdCardPresent && enableSDLogging)
  {
    // 如果添加这个日志行,将使我们超过缓冲区长度
    if (imuLog.length() + logFileBuffer.length() >=
        SD_LOG_WRITE_BUFFER_SIZE)
    {
      /* 日志 SD 缓冲区 */
      sdLogString(logFileBuffer);
      /* 清除 SD 日志缓冲区 */
      logFileBuffer = "";
      /* 每次新的缓冲区被记录到 SD 时,闪烁 LED 灯 */
      blinkLED();
    }
    /* 添加新行到 SD 日志缓冲区 */
    logFileBuffer += imuLog;
  }
  else
  {
    /* 每秒闪烁一次 LED (如果只是登录到串行端口) */
    if ( millis() > lastBlink + UART_BLINK_RATE )
    {
      blinkLED();
      lastBlink = millis();
    }
  }
}
void initHardware(void)
{
  /* 设置 LED 引脚(活动高,默认为关闭) */
  pinMode(HW_LED_PIN, OUTPUT);
  digitalWrite(HW_LED_PIN, LOW);

  /* 设置 MPU-9250 中断输入(active-low) */
```

```
      pinMode(MPU9250_INT_PIN, INPUT_PULLUP);
      /* 设置串行日志端口 */
      LOG_PORT.begin(SERIAL_BAUD_RATE);
}
bool initIMU(void)
{
      /* 如果成功,imu.begin ()应该返回 0  */
      /* I²C 总线,并将 MPU-9250 重置为默认值 */
      if (imu.begin() != INV_SUCCESS)
        return false;
      // 设置 MPU-9250 中断
      /* 启用中断输出 */
      imu.enableInterrupt();
      /* 将中断设置为 active-low */
      imu.setIntLevel(1);
      /* 锁存中断输出 */
      imu.setIntLatched(1);

      // 配置传感器
      //设置陀螺全比例范围:选项为 250、500、1000 或 2000
      imu.setGyroFSR(gyroFSR);
      // 设置加速度全量程:选项为 2、4、8 或 16g
      imu.setAccelFSR(accelFSR);
      // 设置陀螺/加速低通滤波器:选项为 5、10、20、42、98、188Hz
      imu.setLPF(IMU_AG_LPF);
      // 设置陀螺/加速采样速率:必须为 4~1000Hz
      // (注意:此值将被 DMP 采样速率覆盖)
      imu.setSampleRate(IMU_AG_SAMPLE_RATE);
      // 设置罗盘采样频率: 4~100Hz
      imu.setCompassSampleRate(IMU_COMPASS_SAMPLE_RATE);
      /* 配置数字运动处理器 */
      /* 使用 FIFO 从 DMP 中获取数据 */
      unsigned short dmpFeatureMask = 0;
      if (ENABLE_GYRO_CALIBRATION)
      {
```

```
      /* 重新校准陀螺仪后，陀螺仪的一个设定量没有运动检测 */
      dmpFeatureMask |= DMP_FEATURE_SEND_CAL_GYRO;
    }
    else
    {
      /* 否则，将原始陀螺仪读数添加到 DMP */
      dmpFeatureMask |= DMP_FEATURE_SEND_RAW_GYRO;
    }
    /* 将 accel 和 quaternion 添加到 DMP */
    dmpFeatureMask |= DMP_FEATURE_SEND_RAW_ACCEL;
    dmpFeatureMask |= DMP_FEATURE_6X_LP_QUAT;
    //初始化 DMP，并设置 FIFO 的更新速率
    imu.dmpBegin(dmpFeatureMask, fifoRate);
    /* 返回成功！ */
    return true;
}
bool initSD(void)
{
    /* 如果存在有效的 SD 卡，begin 返回 true */
    if ( !SD.begin(SD_CHIP_SELECT_PIN) )
    {
      return false;
    }

    return true;
}
/* 将一个字符串记录到 SD 卡中 */
bool sdLogString(String toLog)
{
    // 打开当前文件名
    File logFile = SD.open(logFileName, FILE_WRITE);
    /* 如果文件因为这个新字符串而变得太大，那么创建一个新字符串并打开它 */
    if (logFile.size() > (SD_MAX_FILE_SIZE - toLog.length()))
    {
      logFileName = nextLogFile();
      logFile = SD.open(logFileName, FILE_WRITE);
    }
    /* 如果日志文件正确打开，则向其中添加字符串 */
```

```
    if (logFile)
    {
      logFile.print(toLog);
      logFile.close();
      /* 返回成功！ */
      return true;
    }
    /* 返回失败！ */
    return false;
}
/* 查找下一个可用的日志文件，或返回空字符串 */
/* 如果我们达到了最大文件限制 */
String nextLogFile(void)
{
  String filename;
  int logIndex = 0;
  for (int i = 0; i < LOG_FILE_INDEX_MAX; i++)
  {
    /* 用 PREFIX [ Index ] . SUFFIX 构造一个文件 */
    filename = String(LOG_FILE_PREFIX);
    filename += String(logIndex);
    filename += ".";
    filename += String(LOG_FILE_SUFFIX);
    /* 如果文件名不存在，返回文件名 */
    if (!SD.exists(filename))
    {
      return filename;
    }
    /* 否则增加索引，然后再试一次 */
    logIndex++;
  }

  return "";
}
/* 解析串行输入，如果它是一个有效的字符，就采取行动 */
void parseSerialInput(char c)
{
  unsigned short temp;
  switch (c)
```

```c
    {
    /* 在 SPACE 上暂停登录 */
    case PAUSE_LOGGING:
        enableSerialLogging = !enableSerialLogging;
#ifdef ENABLE_NVRAM_STORAGE
        flashEnableSerialLogging.write(enableSerialLogging);
#endif
        break;
    /* 启用时间(毫秒)日志记录 */
    case ENABLE_TIME:
        enableTimeLog = !enableTimeLog;
#ifdef ENABLE_NVRAM_STORAGE
        flashenableTime.write(enableTimeLog);
#endif
        break;
    /* 启用/禁用加速计日志记录 */
    case ENABLE_ACCEL:
        enableAccel = !enableAccel;
#ifdef ENABLE_NVRAM_STORAGE
        flashEnableAccel.write(enableAccel);
#endif
        break;
    /* 启用/禁用陀螺仪日志记录 */
    case ENABLE_GYRO:
        enableGyro = !enableGyro;
#ifdef ENABLE_NVRAM_STORAGE
        flashEnableGyro.write(enableGyro);
#endif
        break;
    /* 启用/禁用磁强计日志记录 */
    case ENABLE_COMPASS:
        enableCompass = !enableCompass;
#ifdef ENABLE_NVRAM_STORAGE
        flashEnableCompass.write(enableCompass);
#endif
        break;
    /* 启用/禁用计算值日志记录 */
    case ENABLE_CALC:
        enableCalculatedValues = !enableCalculatedValues;
```

```
#ifdef ENABLE_NVRAM_STORAGE
    flashEnableCalculatedValues.write(enableCalculatedValues);
#endif
    break;
  /* 启用/禁用四元数日志记录 */
  case ENABLE_QUAT:
    enableQuat = !enableQuat;
#ifdef ENABLE_NVRAM_STORAGE
    flashEnableQuat.write(enableQuat);
#endif
    break;
  /* 启用/禁用欧拉角(滚转、俯仰、偏航) */
  case ENABLE_EULER:
    enableEuler = !enableEuler;
#ifdef ENABLE_NVRAM_STORAGE
    flashEnableEuler.write(enableEuler);
#endif
    break;
  /* 启用/禁用标题输出 */
  case ENABLE_HEADING:
    enableHeading = !enableHeading;
#ifdef ENABLE_NVRAM_STORAGE
    flashEnableHeading.write(enableHeading);
#endif
    break;
  /* 将对数速率从1到100Hz递增(从10Hz为递增增量) */
  case SET_LOG_RATE:
    /* 获得当前的先进先出速率 */
    temp = imu.dmpGetFifoRate();
    /* 如果是1Hz,设置为10Hz */
    if (temp == 1)
      temp = 10;
    else
      /* 否则增加10 */
      temp += 10;
    /* 如果大于100Hz,重置为1 */
    if (temp > 100)
      temp = 1;
    /* 发送新的速率 */
```

```
        imu.dmpSetFifoRate(temp);
        /* 读取更新的速率 */
        temp = imu.dmpGetFifoRate();
#ifdef ENABLE_NVRAM_STORAGE
        /* 存储在 NVM 中, 并打印新的速率 */
        flashLogRate.write(temp);
#endif
        LOG_PORT.println("IMU rate set to " + String(temp) + " Hz");
        break;
      /* 增量式加速度计全量程 */
      case SET_ACCEL_FSR:
        /* 获取当前的 FSR */
        temp = imu.getAccelFSR();
        /* 如果数值是 2, 转为 4 */
        if (temp == 2) temp = 4;
        /* 如果是 4, 转为 8  */
        else if (temp == 4) temp = 8;
        /* 如果是 8, 转为 16  */
        else if (temp == 8) temp = 16; // If it's 8, go to 16
        /* 否则, 默认为 2 */
        else temp = 2;
        /* 设置新的 FSR */
        imu.setAccelFSR(temp);
        /* 读取 FSP 值到 temp, 以便后续认证 */
        temp = imu.getAccelFSR();
#ifdef ENABLE_NVRAM_STORAGE
        /* 更新 NVM 值, 然后打印 */
        flashAccelFSR.write(temp);
#endif
        LOG_PORT.println("Accel FSR set to +/-" + String(temp) + " g");
        break;
      /* 增量陀螺仪全尺寸范围 */
      case SET_GYRO_FSR:
        /* 获取当前的 FSR */
        temp = imu.getGyroFSR();
        /* 如果是 250, 设置为 500 */
        if (temp == 250) temp = 500;
        /* 如果是 500, 设置为 1000 */
        else if (temp == 500) temp = 1000;
```

```
      /* 如果是1000,设置为2000 */
      else if (temp == 1000) temp = 2000;
      /* 否则,默认为250 */
      else temp = 250;
      /* 设置新的 FSR */
      imu.setGyroFSR(temp);
      /* 读取 FSR 值到 temp, 以便后续认证 */
      temp = imu.getGyroFSR();
#ifdef ENABLE_NVRAM_STORAGE
      /* 更新 NVM 值, 然后打印 */
      flashGyroFSR.write(temp);
#endif
      LOG_PORT.println("Gyro FSR set to +/-" + String(temp) + " dps");
      break;
   /* 启用/禁用 SD 卡日志记录 */
   case ENABLE_SD_LOGGING:
      enableSDLogging = !enableSDLogging;
#ifdef ENABLE_NVRAM_STORAGE
      flashEnableSDLogging.write(enableSDLogging);
#endif
      break;
   /* 如果一个字符无效,则什么也不做 */
   default:
      break;
   }
}
#ifdef ENABLE_NVRAM_STORAGE
/* 从非挥发性记忆体中读取日志参数 */
void initLoggingParams(void)
{
   /* 从 firstrunmem 位置读取, 程序默认为 0 */
   if (flashFirstRun.read() == 0)
   {
   // 如果有一块刚编好程序的电路板, 就可以编写所有 NVM 位置的程序
      flashEnableSDLogging.write(enableSDLogging);
      flashEnableSerialLogging.write(enableSerialLogging);
      flashenableTime.write(enableTimeLog);
      flashEnableCalculatedValues.write(enableCalculatedValues);
      flashEnableAccel.write(enableAccel);
```

第6章 惯性传感器

```
            flashEnableGyro.write(enableGyro);
            flashEnableCompass.write(enableCompass);
            flashEnableQuat.write(enableQuat);
            flashEnableEuler.write(enableEuler);
            flashEnableHeading.write(enableHeading);
            flashAccelFSR.write(accelFSR);
            flashGyroFSR.write(gyroFSR);
            flashLogRate.write(fifoRate);
            /* 设置第一次运行的布尔值 */
            flashFirstRun.write(1);
        }
        // 如果以前设置了值
        else
        {
            // 从 NVM 中读取并设置日志参数
            enableSDLogging = flashEnableSDLogging.read();
            enableSerialLogging = flashEnableSerialLogging.read();
            enableTimeLog = flashenableTime.read();
            enableCalculatedValues = flashEnableCalculatedValues.read();
            enableAccel = flashEnableAccel.read();
            enableGyro = flashEnableGyro.read();
            enableCompass = flashEnableCompass.read();
            enableQuat = flashEnableQuat.read();
            enableEuler = flashEnableEuler.read();
            enableHeading = flashEnableHeading.read();
            accelFSR = flashAccelFSR.read();
            gyroFSR = flashGyroFSR.read();
            fifoRate = flashLogRate.read();
        }
    }
#endif
/* 下面的所有代码和函数都用于生产，如果需要，可以删除，同时仍然维护所有产品功能 */
/* 测试变量 */
int net_1_pins[] = {11,A0,A2,A4,9};
int net_2_pins[] = {12,10,A1,A3,8};
char input;
int failures = 0;
/* 测试功能 */
void production_testing(void)
```

```
{
  /* 打开蓝色发光二极管进行可视检查 */
  digitalWrite(HW_LED_PIN, HIGH);

  /* 一直循环,直到硬复位发生 */
  while(1)
  {
    // 检查新的串行输入
    if ( Serial1.available() )
    {
      /* 如果在 Serial1 串口上有新的输入 */
      /* 对串口数据进行数据抓取 */
      input = Serial1.read();
      switch (input)
      {
        case '$':
          /* 重置 */
          failures = 0;
          /* h 代表 hello */
          Serial1.print("h");
          break;
        case '1':
          if(net_1_test() == true) Serial1.print("a");
          else Serial1.print("F");
          break;
        case '2':
          if(net_2_test() == true)
          {
            Serial1.print("b");
            if(uSD_ping() == true) Serial1.print("c");
            else Serial1.print("F");
          }
          else Serial1.print("F");
          break;
      }
    }
  }
}
```

第 6 章　惯性传感器

```
/* 测试功能 */
/* 测试 SD 卡是否在那里,并删除日志文件 */
/* 使用 SD.remove()函数的结果来确定它是否正确地删除了文件 */
/* 注意,这需要 9DoF 唤醒并开始记录到一个新文件中(即使只有 1μs) */
bool uSD_ping(void)
{
//  Serial1.print("nextLogFile: ");
//  Serial1.print( nextLogFile() );

//  Serial1.print("logFileName: ");
//  Serial1.print( String(logFileName) );

  bool remove_log_file_result = SD.remove(logFileName);
//  Serial1.print("r: ");
//  Serial1.print( remove_log_file_result , BIN);

  if(remove_log_file_result == true) return true;
  else
  {
    return false;
  }
}

/* 测试功能 */
bool net_1_test()
{
  set_nets_all_inputs();
  /* 检查一号网是否低 */
  for(int i = 0 ; i <= 4 ; i++)
  {
    bool result;
    result = digitalRead(net_1_pins[i]);
    // Serial1.print(result);
    if(result == true) failures++;
  }
  Serial1.println(" ");
  /* 检查二号网是否高 */
  for(int i = 0 ; i <= 4 ; i++)
  {
```

```
    bool result;
    result = digitalRead(net_2_pins[i]);
    // Serial1.print(result);
    if(result == false) failures++;
  }
  Serial1.println(" ");
  if(failures == 0) return true;
  else return false;
}

/* 测试功能 */
bool net_2_test()
{
  set_nets_all_inputs();
  // check all net 1 is high
  for(int i = 0 ; i <= 4 ; i++)
  {
    bool result;
    result = digitalRead(net_1_pins[i]);
    // Serial1.print(result);
    if(result == false) failures++;
  }
  //Serial1.println(" ");
  // check all net 2 is low
  for(int i = 0 ; i <= 4 ; i++)
  {
    bool result;
    result = digitalRead(net_2_pins[i]);
    // Serial1.print(result);
    if(result == true) failures++;
  }
  //Serial1.println(" ");
  if(failures == 0) return true;
  else return false;
}

/* 测试功能 */
void set_nets_all_inputs()
{
  for(int i = 0 ; i <= 4 ; i++)
  {
    pinMode(net_1_pins[i], INPUT);
```

第 6 章 惯性传感器

```
      pinMode(net_2_pins[i], INPUT);
  }
}
```

（6）编写完 config.h 和 9DoF_Razor_M0_Firmware.ino 程序后，需要安装 ICM 库。
- 在终端输入以下命令，进入 Arduino 工作空间：

```
$ cd ~/Arduino
```

- 在终端输入以下命令，进入 libraries 库目录：

```
$ cd libraries
```

- 在终端输入以下命令，从 git 下载 ICM 库：

```
$ git clone git@gitcode.net:zc15210073939/sparkfun_9dof_imu_breakout_-_icm_20948_-_arduino_library.git
```

- 在终端输入以下命令，从 git 下载 sparkfunmpu9520-dmp 库：

```
$ git clone git@gitcode.net:zc15210073939/sparkfunmpu9250-dmp.git
```

- 在终端输入以下命令，从 git 下载 flashstorage 库：

```
$ git clone git@gitcode.net:zc15210073939/flashstorage.git
```

（7）下载 SparkFun SAMD Boards 开发板固件。
- 在 Arduino-IDE 主界面上使用键盘中的 "Ctrl+逗号" 组合键，打开首选项窗口，如图 6.6 所示。

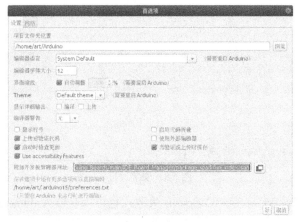

图 6.6　首选项窗口

- 打开首选项窗口后，在"附加开发板管理器网址"后输入以下网址：

```
https://raw.githubusercontent.com/sparkfun/Arduino_Boards/main/IDE_Board_Manager/package_sparkfun_index.json
```

- 单击"好"按钮。
- 单击 Arduino-IDE 菜单栏中的"工具"→"开发板"→"开发板管理器"，打开开发板管理器，找到 SparkFun SAMD Boards，如图 6.7 所示。

图 6.7　开发板管理器

- 单击"安装"按钮，安装过程如图 6.8 所示。

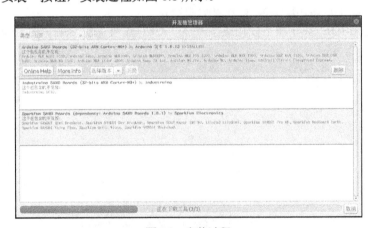

图 6.8　安装过程

注意：如果安装 SparkFun SAMD Boards 失败，也可以安装 Arduino SAMD Boards。
（8）选择需要编译上传的开发板，如果不选择，会导致编译失败。单击"工具"→"开

第 6 章 惯性传感器

发板"→"SparkFun 9Dof Razor IMU M0"。

（9）选择需要上传程序的串口，如当前 IMU 的串口是/dev/ttyUSB0，单击"工具"→"端口"→"/dev/ttyUSB0"。

（10）单击图 6.9 所示的"√"按钮，待编译完成后，单击"→"按钮上传代码。

图 6.9　编译和上传代码

3．Arduino-IDE 窗口监控数据

程序上传完成后，IMU 会将检测到的数据发送到串口，使用串口监视器就可以监控到整个惯性传感器工作的过程。单击"Tools"→"Serial Monitor"或者按键盘中的"Ctrl+Shift+M"组合键，打开串口监视器（见图 6.10）。

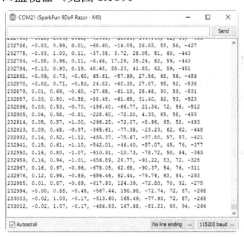

图 6.10　串口监视器

解释一下图 6.10 中的数据分别代表什么意义，从左到右依次为

```
        <timeMS>, <accelX>, <accelY>, <accelZ>, <gyroX>, <gyroY>, <gyroZ>, <magX>,
<magY>, <magZ>
```

- \<timeMS\>　　　　　　　　　　：\<时间戳\>。
- \<accelX\>, \<accelY\>, \<accelZ\>　　：\<x 轴加速计值\>,\<y 轴加速计值\>,\<z 轴加速计值\>。
- \<gyroX\>, \<gyroY\>, \<gyroZ\>　　：\<x 轴陀螺仪值\>,\<y 轴陀螺仪值\>,\<z 轴陀螺仪值\>。
- \<magX\>, \<magY\>, \<magZ\>　　：\<x 轴磁力场值\>,\<y 轴磁力场值\>,\<z 轴磁力场值\>。

可以在命令发送输入框发送以下任何命令来修改数据的输出格式：
- (空格)：暂停/恢复串行端口打印。
- t：打开或关闭时间读数。
- a：打开或关闭加速度计读数。
- g：打开或关闭陀螺仪读数。
- m：打开或关闭磁力计读数。
- c：从原始读数切换到计算值/从计算值切换到原始读数。
- q：打开或关闭四元数读数（qw、qx、qy 和 qz 在磁读数之后打印）。
- e：打开或关闭欧拉角计算（俯仰、滚动、偏航）（在四元数后打印）。
- h：打开或关闭航向读数。
- r：在 1~100Hz 之间以 10Hz 为增量调整对数速率。
- A：调整加速度计满量程范围。±2g、4g、8g 和 16g 之间的循环。
- G：调整陀螺仪满量程范围。±250dps、500dps、1000dps、2000dps 之间的循环。
- s：启用/禁用 SD 卡日志记录。

所有设置都存储在非易失性内存中，所以下次启动 9DoF Razor IMU 时，它将根据上一次断电前的配置进行输出。

除了记录到串行端口，如果插了 SD 内存卡，以上在串口监视器打印的内容都会以 IMU 日志文件的形式输出到 SD 内存卡中。

6.3　惯性传感器 ROS 驱动

上一节讲了如何编写 9DoF Razor IMU 的驱动程序，接下来本节将详细讲解如何将获取到的 IMU 数据发布到 ROS Master 话题中去。

1. git 下载 razor_imu_9dof 功能包

首先使用 "Ctrl+Alt+T" 组合键打开一个新的终端，在终端输入以下命令，进入 catkin_ws

工作空间的 src 源代码空间：

```
$ cd ~/catkin_ws/src
```

接下来使用以下命令从 git 下载 razor_imu_9dof 功能包：

```
$ git clone git@gitcode.net:zc15210073939/razor_imu_9dof.git
```

下载 razor_imu_9dof 功能包完成后，在终端输入 ls 命令查看是否下载成功，如图 6.11 所示。

图 6.11 查看 razor_imu_9dof 功能包是否下载成功

2. 安装 razor_imu_9dof 功能包相关程序

下载 razor_imu_9dof 功能包完成后，由于环境配置不同的原因，需要先下载所需要的程序，所以先进入 razor_imu_9dof 功能包的 depandents 目录，找到 install.sh 文件，并运行它，在终端输入以下命令：

```
$ cd razor_imu_9dof/depandents
$ sh install.sh
```

3. 编译 razor_imu_9dof 功能包

安装完相关程序就可以编译 razor_imu_9dof 功能包了，回到 catkin_ws 工作空间，在终端输入以下命令进行编译：

```
$ cd ~/catkin_ws
$ catkin_make
```

至此，razor_imu_9dof 功能包已经编译完成，可以通过串口进行数据通信并把惯导数据发布到 ROS Master 中。

6.4 惯性传感器 ROS 通信数据分析

在终端输入以下命令，运行惯性传感器 ROS 驱动程序：

```
$ roslaunch razor_imu_9dof razor-pub.launch
```

运行结果如图 6.12 所示。

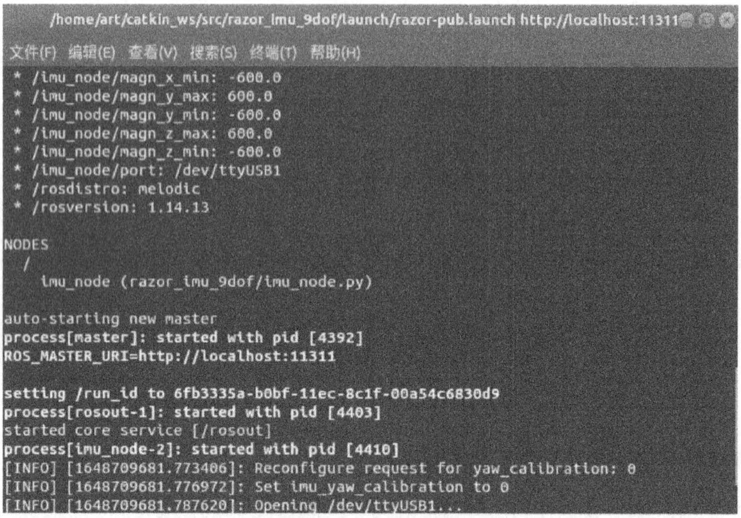

图 6.12 运行结果

6.4.1 rotopic 查看 ROS 驱动发布话题

使用"Ctrl+Alt+T"组合键打开一个终端,输入以下命令:

```
$ rostopic list
```

输入以上命令后,按回车键可以看到图 6.13 所示的内容。

图 6.13 终端输出(1)

从图 6.13 中可以看到,惯性传感器 ROS 驱动功能包发布了 5 个话题,其中 rosout 和 rosout_agg 无须关注,这两个是 ROS Master 话题的标准输出;除此之外也不需要关注 imu/gps 话题,因为 razor_imu_9dof 没有 gps 模块,所以是没有任何数据输出的;另外在定位和惯导数据获取的过程中最主要的是惯性传感器测出来的线加速度、角加速度、方向信息,所以也不需要关注 img/mag 话题,最主要的原因是 img/mag 是磁场相关的话题,在不需要做算法优化的情况下,不需要理会它。现在只剩 imu_data 话题需要关注。

6.4.2 分析话题数据 imu_data

首先来看一下 imu_data 话题使用的消息文件，在终端输入以下命令，找到 Imu.msg：

```
$ rosed sensor_msgs/Imu.msg
```

输入以上命令后，按回车键可以看到如图 6.14 所示的内容。

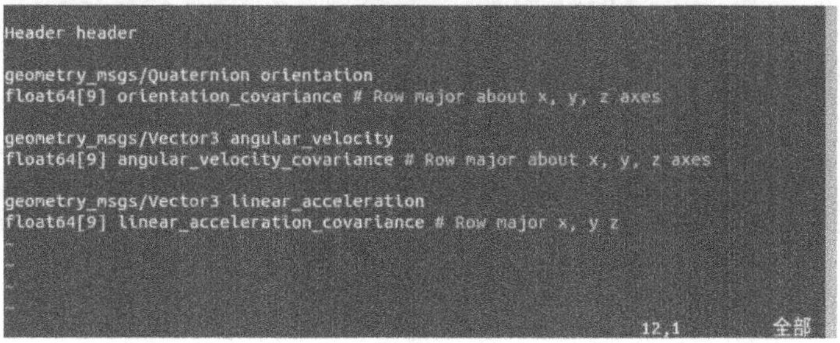

```
Header header
geometry_msgs/Quaternion orientation
float64[9] orientation_covariance # Row major about x, y, z axes
geometry_msgs/Vector3 angular_velocity
float64[9] angular_velocity_covariance # Row major about x, y, z axes
geometry_msgs/Vector3 linear_acceleration
float64[9] linear_acceleration_covariance # Row major x, y z
```

图 6.14　终端输出（2）

Imu.msg 消息的数据解释如表 6.2 所示。

表 6.2　Imu.msg 消息的数据解释

数据名称	解释
Header header	数据头
geometry_msgs/Quaternion orientation	几何信息/四元数定位（信息）
float64[9] orientation_covariance	x、y、z 轴的方向协方差
geometry_msgs/Vector3 angular_velocity	几何信息/矢量角速度（信息）
float64[9] angular_velocity_covariance	x、y、z 轴的角速度协方差
geometry_msgs/Vector3 linear_acceleration	几何信息/矢量线性加速度（信息）
float64[9] linear_acceleration_covariance	x、y、z 轴的线性加速度协方差

接下来在保证"roslaunch razor_imu_9dof imu_pub.launch"命令运行成功的情况下，使用"Ctrl+Alt+T"组合键打开一个终端，在终端输入以下命令，查看 imu_data 话题数据：

```
$ rostopic echo /imu_data
```

输入以上命令后，按回车键，在输入该命令的终端上会持续刷新当前 IMU 所发布的数据，如图 6.15 所示。

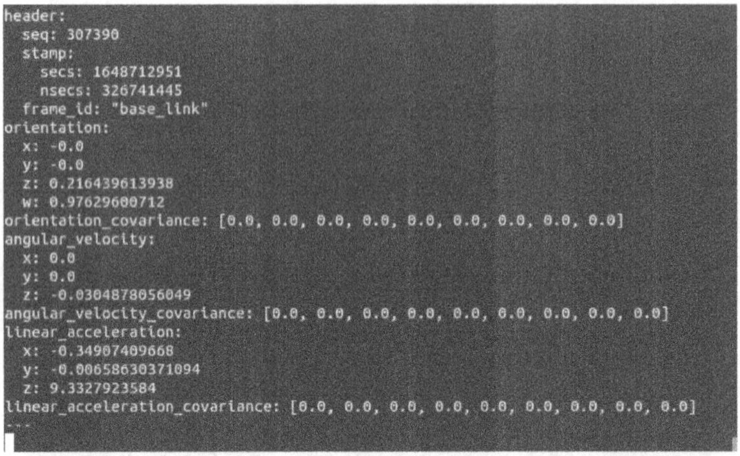

```
header:
  seq: 307390
  stamp:
    secs: 1648712951
    nsecs: 326741445
  frame_id: "base_link"
orientation:
  x: -0.0
  y: -0.0
  z: 0.216439613938
  w: 0.97629600712
orientation_covariance: [0.0, 0.0, 0.0, 0.0, 0.0, 0.0, 0.0, 0.0, 0.0]
angular_velocity:
  x: 0.0
  y: 0.0
  z: -0.0304878056049
angular_velocity_covariance: [0.0, 0.0, 0.0, 0.0, 0.0, 0.0, 0.0, 0.0, 0.0]
linear_acceleration:
  x: -0.34907409668
  y: -0.00658630371094
  z: 9.3327923584
linear_acceleration_covariance: [0.0, 0.0, 0.0, 0.0, 0.0, 0.0, 0.0, 0.0, 0.0]
---
```

图 6.15 终端输出（3）

根据表 6.2 即可知道当前的 IMU 数据信息代表什么意思，并且可以很直观地看到其是如何变化的。

第7章 视觉传感器

7.1 视觉传感器分类

视觉传感器能够从整个图像中捕获数千像素的光,使它们能够"看到"非常精细的目标图像。捕获图像后,视觉传感器将其与存储在内存中用于分析的基准图像进行比较。例如,如果视觉传感器设置为正确插入 8 个螺栓以识别机器部件,则传感器知道如何拒绝仅有 7 个螺栓的零件,或者提示螺栓未对准。此外,无论机器部件在视野中的位置如何,视觉传感器都能判断零件是否在 360° 的范围内旋转。

智能网联汽车中视觉传感器的使用形式主要有摄像头,通常分为单目摄像头、双目摄像头、三目摄像头、环视摄像头和景深摄像头。

1. 单目摄像头

单目摄像头的优点是成本低廉,能够识别具体障碍物的种类,识别准确;缺点是由于其识别原理,其无法识别没有明显轮廓的障碍物,准确率与外部光线条件有关,并且受限于数据库,没有自学习功能。

2. 双目摄像头

相比于单目摄像头,双目摄像头没有识别率的限制,无须先识别,可直接进行测量;直接利用视差计算距离,精度更高;无须维护样本数据库。

3. 三目摄像头

三目摄像头的感知范围更大，但同时标定 3 个摄像头，工作量大。

4. 环视摄像头

环视摄像头一般至少包括 4 个摄像头，实现 360°的环境感知。

5. 景深摄像头

图 7.1　Art-HD908

景深是指在摄像头镜头或其他成像前沿着能够取得清晰图像的成像器轴线所测定的物体距离范围。景深摄像头是指通过将背景模糊化来突出拍摄对象，也可以拍出清晰的背景。

7.2　常用视觉传感器

Art-HD908 是钢铁侠科技生产的 150°大广角单目摄像头，分辨率为 720P（720P 是美国电影电视工程师协会（SMPTE）制定的高清数字电视的格式标准），属于工业级，是机器人常用的视觉传感器，如图 7.1 所示。

7.2.1　参数特征

Art-HD908（720P）的参数特征如表 7.1 所示。

表 7.1　Art-HD908（720P）的参数特征

型　号	HD908（720P）
传感器	CMOS 1/2.7 传感器
镜　头	150°鱼眼
分辨率	默认 1280×720，支持 640×480、320×240
音　频	数字降噪麦克风
压缩格式	MJPG/YUY2 80～100mA
接　口	标准 USB2.0 接口直插计算机使用，免驱
线　长	标配 1.5m
帧　率	30 帧每秒
调焦方式	手动调焦（顺时针或者逆时针旋转镜头都可以调节远近清晰度）
成像范围	2cm 至无穷远
工作电压	USB 5V
工作寿命	约 50000h
动态范围	65dB

续表

型 号	HD908（720P）
图像处理	自动曝光、自动增益、自动自平衡、伽马校正
图像控制	饱和度控制/锐度控制/亮度控制/伽马控制/白平衡
工作湿度	避免在过于潮湿的环境使用，在温度范围（85%RH 以下）内使用
工作温度	避免在过热或者过冷的环境使用，在温度范围（-40~+70℃）内使用
支持系统	支持已集成了 UVC Drive 的 Vista Linux、Android、XP、Win7、Win8、Win10、MAC 等主流系统免驱，即插即用（台式机、一体机、笔记本电脑、平板电脑、手机通用）
使用于	网络教学、直播、人脸识别、视频会议、广告机、单片机、机器人、门禁卡拍照

7.2.2 工作原理

摄像头作为图像感知的通道，将现实中的图像以像素值的形式向上位机传输图像信息。当然，单是传输数据是不够的。同样地，需要配合程序实现数据采集、保存、训练和检测的功能。因为摄像头在无人驾驶中的主要功能就是做图像的识别检测的，所以需要使用深度学习框架加持。以 yolov5 为例，使用 yolov5 深度学习网络通过大量的、标注好的图像训练模型参数，数据集会被分解成一个一个的 batch 丢入深度网络学习，深度网络每经过一次前向传播会计算一次 loss，即网络的推理结果与实际结果的差距，深度网络会根据 loss 计算网络中所有参数的微分，再通过微分更新参数值，在训练很多个周期后，深度网络就能够准确地识别出标注的物体。

7.2.3 使用方法

根据工作原理可知，在设备已配置 yolov5 的前提下，进行图像识别工程有以下几个步骤。

1. 接线

摄像头接线很简单，直接将 USB 接口插到计算机的 USB 端口就行，如图 7.2 所示。

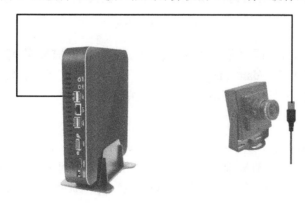

图 7.2 摄像头与计算机的连接

2. 采集数据

俗话说,兵马未动,粮草先行,对于一个深度学习框架来说,数据就是粮草,而深度学习框架就是士兵,最终的目的就是打仗,也就是识别图像,所以先采集需要识别的物体,这里以红绿灯为例。

使用"Ctrl+Alt+T"组合键打开一个新的终端,运行以下命令,进入 yolov5 工程:

```
$ cd ~/Art_table/driver_top/Catkin_ws/src/yolov5_xiao
```

输入以下命令:

```
$ python get_image.py
```

运行 get_image.py 程序,开始采集图片,如图 7.3 所示。

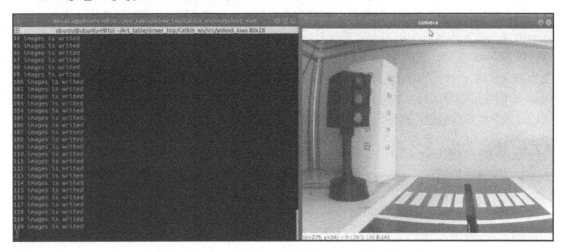

图 7.3 采集图片

运行完 get_image.py 程序后,程序会自动将摄像头捕获的每一帧图片都保存到 yolov5_xiao 文件夹下的 data/data/images/train/目录下,如图 7.4 所示。采集约 200 张图像后,在运行 get_image.py 的终端上按"Ctrl+C"组合键关闭程序。

3. 分拣数据

上一步完成了数据采集,并且保存在了 data/data/images/train/目录(称为 train/目录)下,接下来再在采集到的图像中随机选择 10%~20%的图像剪切到 data/data/images/val/目录(称为 val/目录)下。假设当 train/目录下之前有 100 张图片,则移动 10~20 张图片到 val/目录下即可。

图 7.4　摄像头捕获的每一帧图片的保存位置

首先，使用"Ctrl+Alt+T"组合键打开一个新的终端，运行以下命令，进入 train/目录：

```
$ cd data/data/images/train
```

然后，使用"Ctrl+Alt+T"组合键打开一个新的终端，运行以下命令，以随机移动 10 张图片为例，将这 10 张图片放入 val/目录下：

```
$ mv 1.jpg 3.jpg 6.jpg 11.jpg 20.jpg 33.jpg 43.jpg 56.jpg 76.jpg 88.jpg ../val/
```

至此，数据集的分拣就完成了。

4．数据标注

之前提到的粮草先行，现在就到了将粮草分为玉米、土豆或者大米的时候，后勤部队使用担子将每一种粮食分别放入对应的仓库，而这里使用的担子也就是数据标注的工具，即 LabelImg。LabelImg 是基于 Python3 和 Qt5 开发出的图像标注工具，如图 7.5 所示，其主要为目标检测网络（如 SSD，RCNN，YOLO 等网络）提供图像标注服务。LabelImg 会读取图像，记录用户在图像上标注的区域、并生成 xml 或 txt 文件存放标注信息。

由于以红绿灯为例，所以将类别分为两种：一种是红（red），一种是绿（green）。首先需要修改下 labelImg/data 目录下的 predefined_classes.txt 文件，使用"Ctrl+Alt+T"组合键打开一个新的终端，在终端中运行以下命令，进入 labelImg/data 目录：

```
$ cd ~/labelImg/data
```

在终端中运行以下命令，修改 predefined_classes.txt 文件：

```
$ vim predefined_classes.txt
```

打开 vim 编辑器，删除源文件内容，加入 red 和 green 两类，如图 7.6 所示。

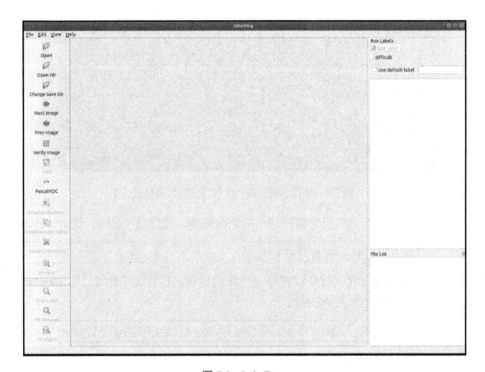

图 7.5　LabelImg

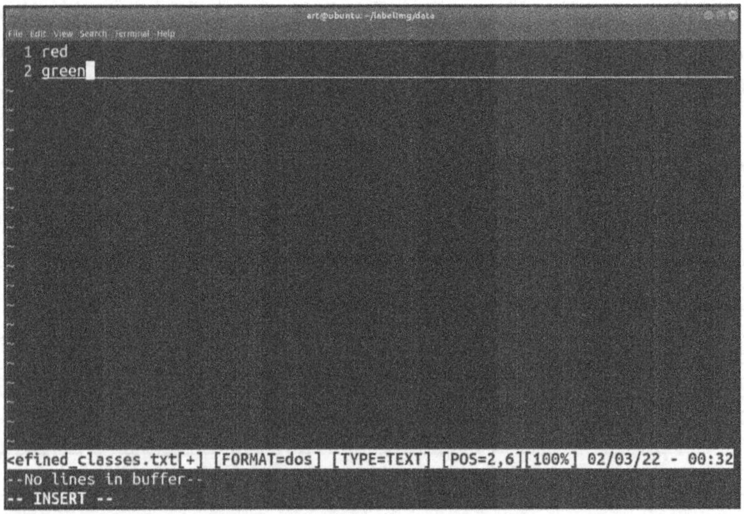

图 7.6　加入 red 和 green 两类

保存，退出 vim 编辑器后，回到上级目录，在终端中运行以下命令，启动 labelImg.py 程序：

```
$ cd ../
$ python3 labelImg.py
```

打开"lablimg"窗口后，在该窗口中单击"Change Save Dir"按钮，改变保存地址，如图 7.7 所示。

图 7.7 "labelimg"窗口

然后选择保存的目录为 Art_table/driver_top/Catkin_ws/src/yolov5_xiao/data/data/lablels/train，如图 7.8 所示。

图 7.8 选择保存的目录

最后单击界面右上角的"Open"按钮即可，如图 7.9 所示。

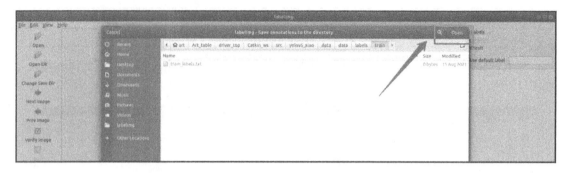

图 7.9　单击"Open"按钮

接着打开需要标注的图片文件夹，单击"Open Dir"按钮，如图 7.10 所示。

图 7.10　单击"Open Dir"按钮

打开"labelimg-Open Directory"窗口后（见图 7.11），找到 Art_table/driver_top/Catkin_ws/src/yolov5_xiao/data/images 文件夹。

图 7.11　"labelimg-Open Directory"窗口

找到 Art_table/driver_top/Catkin_ws/src/yolov5_xiao/data/images 文件夹后，单击窗口右上角的"Open"按钮，如图 7.12 所示。

图 7.12　单击"Open"按钮

如图 7.13 所示，打开相应的图片，即可开始为每张图片打标签。

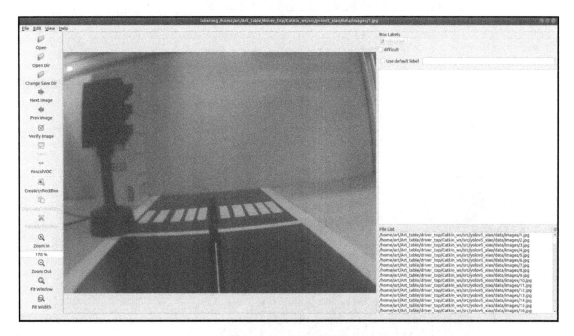

图 7.13　打开相应的图片

如图 7.14 所示，单击"PascalVOC"按钮，切换成 YOLO 的标签格式，如图 7.15 所示。

图 7.14 单击 "PascalVOC" 按钮

图 7.15 切换成 YOLO 的标签格式

如图 7.16 所示，单击"Create\nRectBox"按钮，开始标注并创建标签。

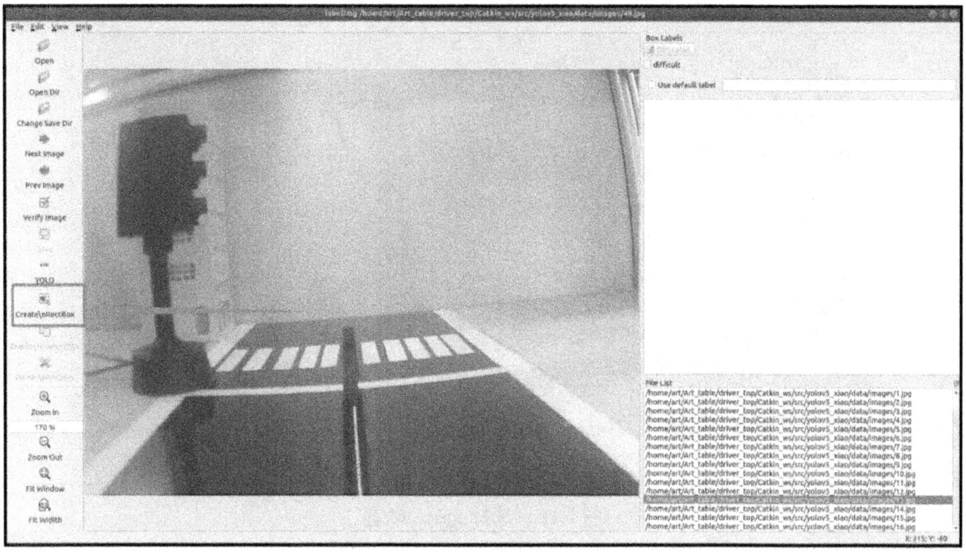

图 7.16 单击"Create\nRectBox"按钮

此时将光标放在图片上时，光标变成了十字型，用光标框住灯的位置，并标上标签名，如该图片是绿灯亮，则框住绿灯的位置（见图 7.17），并选择 green 标签，如图 7.18 所示。

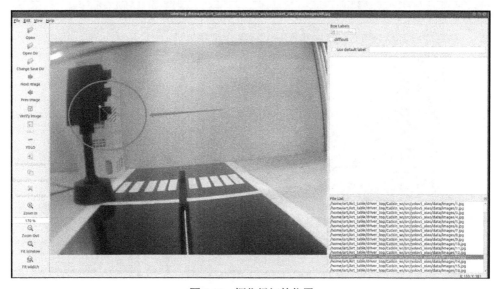

图 7.17 框住绿灯的位置

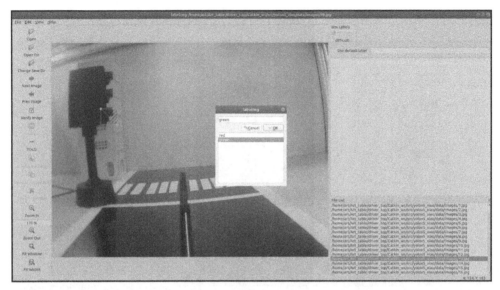

图 7.18 选择 green 标签

单击"OK"按钮,此时就完成一张图片的标注了。剩下的图片以同样的方式进行标注,标注类名根据实际情况而定。

待所有图片都标注完成后,如图 7.19 所示,单击"Save"按钮,保存标注图片信息。

图 7.19 单击"Save"按钮

保存成功后，运行 labelImg.py 的终端会输出一个保存地址，如图 7.20 所示，该保存地址为/home/art/Art_table/driver_top/Catkin_ws/src/yolov5_xiao/data/data/labels/train/49.txt。

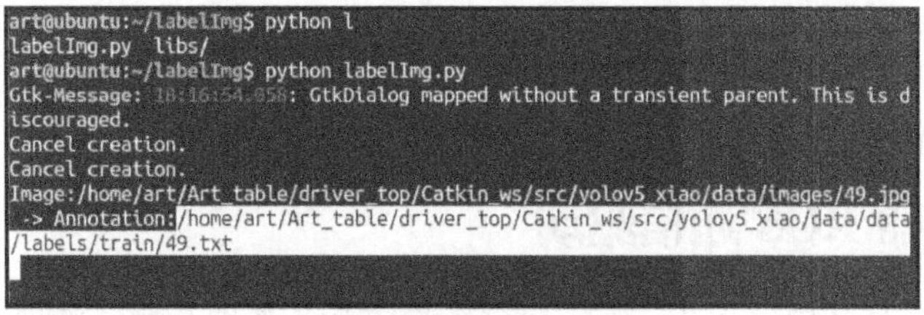

图 7.20　终端输出保存地址

至此，所以图片的标注已经完成，接下来就可以进行模型训练了。

5．训练模型

使用"Ctrl+Alt+T"组合键打开一个终端，输入以下命令，进入 yolov5 项目文件夹：

```
$ cd ~/Art_table/driver_top/Catkin_ws/src/yolov5_xiao
```

在终端输入以下命令，运行训练模型程序：

```
$ bash start_train.sh
```

训练过程如图 7.21 所示。

图 7.21　训练过程

6. 运行程序

当所有程序都运行完成后,在终端运行以下命令,启动检测程序:

```
$ python detect_thread.py
```

7.3 视觉传感器 ROS 通信驱动

上一小节讲了如何使用 yolov5_xiao 进行数据采集、数据分拣、数据标注、模型训练和使用摄像头检测程序检测红绿灯,接下来将详细讲解如何编写摄像头检测程序并将摄像头获取的图像信息发布到 ROS Master 话题中。

首先进入 yolov5_xiao,使用以下命令打开 detect_thread.py,可以看到以下代码:

```python
#!/usr/bin/env python
# -*- coding: utf-8 -*-

import argparse
from re import S
import sys
import time
from pathlib import Path

import cv2
from numpy import true_divide
import torch
import torch.backends.cudnn as cudnn
import rospy
from std_msgs.msg import String,Header
import threading
from utils.datasets import letterbox
import numpy as np
from sensor_msgs.msg import Image
from cv_bridge import CvBridge, CvBridgeError

# 获取当前文件的绝对路径给 FILE 变量
# __file__ 代表当前文件的文件名,也就是 detect_thread.py
FILE = Path(__file__).absolute()
# 在 Python 系统环境中找到 yolov5 模块,并添加引用模块路径 yolov5/ 到路径中
```

第 7 章 视觉传感器

```python
            sys.path.append(FILE.parents[0].as_posix())

            from models.experimental import attempt_load
            from utils.datasets import LoadStreams, LoadImages
            from utils.general import check_img_size, check_requirements,
            check_imshow, colorstr, non_max_suppression,apply_classifier,
            scale_coords, xyxy2xywh, strip_optimizer, set_logging, increment_path,
save_one_box
            from utils.plots import colors, plot_one_box
            from utils.torch_utils import select_device, load_classifier, time_synchronized

            s = ''
            im0 = ''

            # ROS 话题订阅程序
            def talker():
                global s
                global im0

                # 设定发布检测结果话题的名称为Traffic_light, 类型为String, 通道大小为10
                pub_detect_result = rospy.Publisher('Traffic_light', String, queue_size=10)
                # 设定发布检测结果图像话题的名称为image, 通道大小为1
                pub_img = rospy.Publisher('image',Image,queue_size=1)
                # 初始化节点程序名称为talker, 并允许有别名
                rospy.init_node('talker', anonymous=True,disable_signals=True)
                # 设置节点循环频率为10Hz
                rate = rospy.Rate(10)
                # 检测节点是否关闭
                while not rospy.is_shutdown():
                    str = s
                    # ROS 日志打印 str 变量
                    # str 变量用于存储检测结果
                    rospy.loginfo(str)
                    # 如果检测结果为red, 红灯
                    if 'red' in str :
                        # 发布检测结果为red 到 ROS 话题中
                        pub_detect_result.publish('red')
                    # 如果检测结果为green, 绿灯
                    elif 'green' in str:
```

```python
                # 发布检测结果为 green 到 ROS 话题中
                pub_detect_result.publish('green')

        # 定义 sensor_msgs 消息包的图片消息为 ros_frame
        ros_frame = Image()
        # 读取当前时间到 header 数据头
        header = Header(stamp = rospy.Time.now())
        # 定义数据头 id 为 Camera
        header.frame_id = "Camera"
        # 将 header 数据头赋值给 ros_frame.header 数据头
        ros_frame.header=header
        # 设置 ros_frame.width（图片的宽度消息值）为 640
        ros_frame.width = 640
        # 设置 ros_frame.height（图片的高度消息值）为 480
        ros_frame.height = 480
        # 设置 ros_frame.encoding（图片的数据格式）为 bgr8
        ros_frame.encoding = "bgr8"
        # 设置 ros_frame.step（全行长度值）为 1920 字节
        ros_frame.step = 1920
        # 图片格式转换，将图片从 array 格式转为 string 格式
        ros_frame.data = np.array(im0).tostring()
        # 将 ros_frame 的所有图片数据发布到 ROS 话题中
        pub_img.publish(ros_frame)、
        # 等待节点程序运行结束
        rate.sleep()


@torch.no_grad()
# torch 进行图像检测程序
def run(weights='best.pt',  # 权重，模型文件名
        source='1',  # file/dir/URL/glob, 0 表示网络摄像头
        imgsz=640,  # 推断大小（像素）
        conf_thres=0.65,  # 置信度阈值
        iou_thres=0.65,  # NMS IOU 阈值
        max_det=1000,  # 每幅图像的最大检测次数
        device='',  # cuda 设备，如 0 或 0,1,2,3 或 cpu
        view_img=False,  # 显示结果
        save_txt=False,  # 将结果保存到 *.txt 文件中
        save_conf=False,  # 将置信度保存在 save-txt 标签中
```

```python
            save_crop=False,  # 保存裁剪后的预测框
            nosave=False,  # 不保存图像/视频
            classes=None,  # 按类别过滤：类别 0 或类别 0 2 3
            agnostic_nms=False,
            augment=False,  # 增强推理
            update=False,  # 更新所有模型
            project='runs/detect',  # 将结果保存到指定目录
            name='exp',  # 将结果保存到指定目录
            exist_ok=False,
            line_thickness=3,  # 边框厚度（像素）
            hide_labels=False,  # 隐藏标签
            hide_conf=False,  # 隐藏配置
            half=False,  # 使 FP16 半精度推理
            ):
    global s
    global im0
    # 保存初始化图片
    save_img = not nosave and not source.endswith('.txt')
    webcam = source.isnumeric() or \
             source.endswith('.txt') or\
             source.lower().startswith(('rtsp://', 'rtmp://', 'http://', 'https://'))

    # 路径相关程序：
    # 增量运行
    save_dir = increment_path(Path(project) / name, exist_ok=exist_ok)
    # 设置路径
    (save_dir / 'labels' if save_txt else save_dir).mkdir(parents=True, exist_ok=True)

    # 初始化相关程序：
    set_logging()
    device = select_device(device)
    # 只支持 CUDA 的半精度
    half &= device.type != 'cpu'

    # 加载模型相关程序：
    # 加载 FP32 模型
    model = attempt_load(weights, map_location=device)
    # 初始化模型
```

```python
    stride = int(model.stride.max())
    # 检查图片尺寸
    imgsz = check_img_size(imgsz, s=stride)
    # 获取类名
    names = model.module.names if hasattr(model, 'module') else model.names
    if half:
        model.half()  # to FP16

    # 二分类器
    classify = False
    if classify:
        # 初始化
        modelc = load_classifier(name='resnet50', n=2)
        modelc.load_state_dict(torch.load('resnet50.pt', \
map_location=device)['model']).to(device).eval()
    # 设置网络
    vid_path, vid_writer = None, None
    if webcam:
        view_img = check_imshow()
        # 设置为True,以自动导线最适合当前球的图像
        cudnn.benchmark = True
        dataset = LoadStreams(source, img_size=imgsz, stride=stride)
    else:
        dataset = LoadImages(source, img_size=imgsz, stride=stride)

    # 开始推理
    if device.type != 'cpu':
        model(torch.zeros(1, 3, imgsz, imgsz).to(device).type_as(next(model.
parameters())))  # run once
    t0 = time.time()
    for path, img, im0s, vid_cap in dataset:
        """ img = letterbox(img, new_shape=160)[0]
        img = img[:, :, ::-1].transpose(2, 0, 1)  # BGR to RGB, to 3x416x416
        img = np.ascontiguousarray(img) """
        img = torch.from_numpy(img).to(device)
        # 将uint8类型转为fp16/32类型
        img = img.half() if half else img.float()
        # 将img值从0到255转为0到1
        img /= 255.0
```

```python
            if img.ndimension() == 3:
                img = img.unsqueeze(0)

            # 推理
            t1 = time_synchronized()
            pred = model(img, augment=augment)[0]

            # 使用 NMS
            pred = non_max_suppression(\
    pred, conf_thres, iou_thres, classes, agnostic_nms, max_det=max_det)
            t2 = time_synchronized()

            # 使用分类器
            if classify:
                pred = apply_classifier(pred, modelc, img, im0s)

            # 检测过程:
            # 检测每一张图片
            for i, det in enumerate(pred):
                # 如果batch_size >= 1
                if webcam:
                    p, s, im0, frame = path[i], f'{i}: ', im0s[i].copy(), dataset.count
                else:
                    p, s, im0, frame = path, '', im0s.copy(), getattr(dataset, 'frame', 0)

                # 获取每一张图片的路径
                p = Path(p)
                # 保存路径
                save_path = str(save_dir / p.name)
                txt_path = str(\
    save_dir / 'labels' / p.stem) + ('' if dataset.mode == 'image' else f'_{frame}')

                s += '%gx%g ' % img.shape[2:]
                # 归一化增益
                gn = torch.tensor(im0.shape)[[1, 0, 1, 0]]
                imc = im0.copy() if save_crop else im0
```

```python
            if len(det):
                # 重新调整 img_size 到 im0 的尺寸大小
                det[:, :4] = scale_coords(img.shape[2:], det[:, :4], im0.shape).round()

                # 打印结果
                for c in det[:, -1].unique():
                    # 检测每一类
                    n = (det[:, -1] == c).sum()
                    s += f"{n} {names[int(c)]}{'s' * (n > 1)}, "

                # 结果以文件形式输出
                for *xyxy, conf, cls in reversed(det):
                    # 写入文件
                    if save_txt:
                        # 规范化 xywh
                        xywh = (\
                            xyxy2xywh(torch.tensor(xyxy).view(1, 4)) / gn).view(-1).tolist()
                        # 标签格式
                        line = (cls, *xywh, conf) if save_conf else (cls, *xywh)
                        with open(txt_path + '.txt', 'a') as f:
                            f.write(('%g ' * len(line)).rstrip() % line + '\n')

                    # 添加 bbox 到图像
                    if save_img or save_crop or view_img:
                        c = int(cls)  # integer class
                        label = None if hide_labels else (\
                            names[c] if hide_conf else f'{names[c]} {conf:.2f}')
                        if conf > 0.6:
                            plot_one_box(\
                                xyxy, im0, label=label, color=colors(c, True), line_thickness=line_thickness)
                        if save_crop:
                            save_one_box(\
                                xyxy, imc, file=save_dir / 'crops' / names[c] / f'{p.stem}.jpg', BGR=True)

                # 打印时间(推断 + NMS)
                print(f'{s}Done. ({t2 - t1:.3f}s)')
```

```python
                # 结果流
                if view_img:
                    #im0 = cv2.resize(\
    im0, (0, 0), fx=0.25, fy=0.25, interpolation=cv2.INTER_NEAREST)
                    #cv2.imshow(str(p), im0)
                    # 等待1ms
                    cv2.waitKey(1)

                # 保存结果(带检测的图像)
                if save_img:
                    if dataset.mode == 'image':
                        cv2.imwrite(save_path, im0)
                    else:  # 'video' or 'stream'
                        if vid_path != save_path:  # new video
                            vid_path = save_path
                            if isinstance(vid_writer, cv2.VideoWriter):
                                vid_writer.release()  # release previous video writer
                            if vid_cap:  # video
                                fps = vid_cap.get(cv2.CAP_PROP_FPS)
                                w = int(vid_cap.get(cv2.CAP_PROP_FRAME_WIDTH))
                                h = int(vid_cap.get(cv2.CAP_PROP_FRAME_HEIGHT))
                            else:  # stream
                                fps, w, h = 30, im0.shape[1], im0.shape[0]
                                save_path += '.mp4'
                            vid_writer = cv2.VideoWriter(save_path, cv2.Video-
Writer_ fourcc(*'mp4v'), fps, (w, h))
                        vid_writer.write(im0)
        if save_txt or save_img:
            s = f"\n{len(list(save_dir.glob('labels/*.txt')))} labels saved to {save_dir / 'labels'}" if save_txt else ''
            print(f"Results saved to {save_dir}{s}")
        if update:
            # 更新模型(消除警告源)
            strip_optimizer(weights)
        print(f'Done. ({time.time() - t0:.3f}s)')
    def parse_opt():
        parser = argparse.ArgumentParser()
        parser.add_argument('\
```

```
              --weights', nargs='+', type=str, default='best_160se.pt', help='model.pt
path(s)')
           parser.add_argument('\
        --source', type=str, default='0', help='file/dir/URL/glob, 0 for webcam')
           parser.add_argument('\
        --imgsz', '--img', '--img-size', type=int, default=640, help='inference
size (pixels)')
           parser.add_argument('\
        --conf-thres', type=float, default=0.25, help='confidence threshold')
           parser.add_argument('\
        --iou-thres', type=float, default=0.45, help='NMS IoU threshold')
           parser.add_argument('\
        --max-det', type=int, default=1000, help='maximum detections per image')
           parser.add_argument('\
        --device', default='', help='cuda device, i.e. 0 or 0,1,2,3 or cpu')
           parser.add_argument('\
        --view-img', action='store_true', help='show results')
           parser.add_argument('\
        --save-txt', action='store_true', help='save results to *.txt')
           parser.add_argument('\
        --save-conf', action='store_true', help='save confidences in --save-
txt labels')
           parser.add_argument('\
        --save-crop', action='store_true', help='save cropped prediction boxes')
           parser.add_argument('\
        --nosave', action='store_true', help='do not save images/videos')
           parser.add_argument('\
        --classes', nargs='+', type=int, help='filter by class: --class 0, or
--class 0 2 3')
           parser.add_argument('\
        --agnostic-nms', action='store_true', help='class-agnostic NMS')
           parser.add_argument('\
        --augment', action='store_true', help='augmented inference')
           parser.add_argument('\
        --update', action='store_true', help='update all models')
           parser.add_argument('\
        --project', default='runs/detect', help='save results to project/name')
           parser.add_argument('\
        --name', default='exp', help='save results to project/name')
```

```
            parser.add_argument('\
    --exist-ok', action='store_true', help='existing project/name ok, do
not increment')
            parser.add_argument('\
    --line-thickness', default=3, type=int, help='bounding box thickness
(pixels)')
            parser.add_argument('\
    --hide-labels', default=False, action='store_true', help='hide labels')
            parser.add_argument('\
    --hide-conf', default=False, action='store_true', help='hide confidences')
            parser.add_argument('\
    --half', action='store_true', help='use FP16 half-precision inference')
        opt = parser.parse_args()
        return opt
    def main(opt):
        print(colorstr('detect: ') + ', '.join(f'{k}={v}' for k, v in
vars(opt).items()))
        check_requirements(exclude=('tensorboard', 'thop'))
        run(**vars(opt,))
    if __name__ == "__main__":
        opt = parse_opt()
        #main(opt)
        # 第一个线程程序
        thrd1 = threading.Thread(target=talker)
        # 第二个线程程序
        thrd2 = threading.Thread(target=main,args=(opt,))
        # 开始运行线程程序
        thrd1.start()
        thrd2.start()
        # 线程阻塞
        thrd1.join()
```

第 8 章 雷达

8.1 雷达分类

雷达，是英文 Radar 的音译，源于 radio detection and ranging 的缩写，意思为"无线电探测和测距"，即用无线电的方法发现目标并测定它们的空间位置。因此，雷达也被称为"无线电定位"。雷达是利用电磁波探测目标的电子设备。雷达发射电磁波对目标进行照射并接收其回波，由此获得目标至电磁波发射点的距离、距离变化率（径向速度）、方位、高度等信息。

按照雷达信号形式分类，雷达可分为脉冲雷达、连续波雷达、脉部压缩雷达和频率捷变雷达等。按照角跟踪方式分类，可分为单脉冲雷达、圆锥扫描雷达和隐蔽圆锥扫描雷达等。按照目标测量的参数分类，可分为测高雷达、二坐标雷达、三坐标雷达和敌我识对雷达、多站雷达等。按照雷达采用的技术和信号处理的方式分类，可分为相参积累和非相参积累、动目标显示、动目标检测、脉冲多普勒雷达、合成孔径雷达、边扫描边跟踪雷达。按照天线扫描方式分类，可分为机械扫描雷达、相控阵雷达等。按照雷达频段分，可分为超视距雷达、微波雷达、毫米波雷达以及激光雷达等。

本章将主要介绍无人驾驶中常用到的激光雷达。

8.1.1 激光雷达概述

激光雷达是一种通过发射激光束来探测目标位置、速度和其他特征的雷达系统，它通过向目标发送探测信号（激光束）来工作，通过光学系统使之产生一定强度的光辐射，在大气中传输并被散射回地面或天空，经光电转换而成为电信号，最后经过信号处理、电路分析和运算得到所需要的结果。如图 8.1 所示的激光雷达，将接收到的目标反射信号（目标回波）与发送的信号进行比较，并适当处理后获得有关目标的信息，如目标距离、位置、高度、速度、姿态和均匀形状等参数，以便探测、跟踪和识别飞机、导弹等物体。它由激光发射机、光学接收机、转台和信息处理系统组成，激光器将电脉冲传输到光脉冲中，然后光脉冲从目标反射到显示器上。

图 8.1　激光雷达实物

激光雷达是一种集激光、全球定位系统和惯性导航系统三种技术与一身的系统，用于获得数据并生成精确的数字高程模型（Digital Elevation Model，DEM）。这 3 种技术的结合，可以高度准确地定位激光束打在物体上的光斑。它又分为日臻成熟的用于获得地面 DEM 的地形雷达系统和已经成熟应用的用于获得水下 DEM 的水文雷达系统，这两种系统的共同特点都是利用激光进行探测和测量，这也正是雷达一词的英文原译，即 Light Detection And Ranging，缩写为 LiDAR。

激光雷达是用激光器作为发射光源、采用光电探测技术的主动遥感设备，是激光技术与现代光电探测技术结合的先进探测方式，由发射系统、接收系统、信息处理等部分组成。其中，发射系统是各种形式的激光器，如二氧化碳激光器、掺钕钇铝石榴石激光器、半导体激光器及波长可调谐的固体激光器，以及光学扩束单元等；接收系统采用望远镜和各种形式的光电探测器，如光电倍增管、半导体光电二极管、雪崩光电二极管、红外和可见光多元探测器件等。激光雷达采用脉冲或连续波两种工作方式。按照探测原理的不同，激光雷达可分为米散射激光雷达、瑞利散射激光雷达、拉曼散射激光雷达、布里渊散射激光雷达、荧光激光雷达、多普勒激光雷达等。

激光本身具有十分精确的测距能力，可达几厘米，而激光雷达系统的测距精度除取决于激光本身外，还取决于激光同步、GPS 和惯性测量单元等内部因素。由于这些因素会对最终得到的结果产生影响，因此必须采用适当的方法进行校正或补偿以达到要求。目前常用的方法是结合机载激光雷达与车载激光扫描仪来获取地面点云信息。随着商用 GPS 和 IMU 的发展，现在有可能通过雷达从飞机等移动平台获得高精度的数据，而且这种数据已被广泛使用。

雷达系统包括单束窄带激光器和接收系统。其中，接收系统由 3 部分组成，即发射器、接收机和数据采集单元。发射器将光束投射到物体表面。接收器位于物体内部，其特征在于它具有两个不同波长的激光头，其中之一用于探测目标。单束窄带激光器产生并发射一个光脉冲，击中物体并反弹回来，最后被接收器接收到。接收器精确测量光脉冲从传输到反射的传播时间。由于光脉冲以光速传播，接收器总是在下一个脉冲发送之前接收到前一个反射脉冲。因为光速是已知的，所以传播时间可以转换成距离的量度。通过使用不同波长的光束进行多次照射，可快速而精确地求出目标区域中每个地方的光斑大小与空间分布情况，这种方法称为激光扫描法。激光雷达系统还具有测距功能，结合激光的高度、激光扫描的角度、GPS 得到的激光器位置和 INS 得到的激光发射方向，可以精确地计算出每个地面光斑的 X、Y、Z 坐标。激光束的频率从每秒几脉冲到每秒数万脉冲不等。例如，在一个每秒有 10000 脉冲的系统中，接收器将在一分钟中记录 600000 点。一般来说，雷达系统的地面光斑间隔为 2～4m。

激光雷达的工作原理和其他雷达非常相似。利用激光作为信号源，从激光器中产生的脉冲激光经透镜聚焦在光电二极管（CCD）探测器上形成光斑，再经过光学系统将其变成一束光信号输出。撞击地面上的树木、道路、桥梁及建筑物，造成散射。部分光波反射回激光雷达接收器。根据激光雷达的原理，计算出目标点与目标物之间的距离，脉冲激光不断扫描目标，并取得目标上所有目标点的数据，利用这些数据进行成像可产生准确的三维立体图像。

激光雷达与传统的微波雷达相比，由于其使用激光束，工作频率比一般雷达高得多，因此具有很多优势，主要表现如下。

（1）分辨率高：激光雷达在角度、距离、速度等方面都可以达到极高的分辨率。一般情况下，角分辨率不低于 0.1mrad，可在 3km 距离内距离 0.3m 的两个目标，并能同时跟踪多个目标；距离分辨率可达 0.1m；速度分辨率可达 10m/s。因此，它不仅在军事方面有着广阔的用途，而且在民用领域也有着诱人的前景。由于激光具有很强的方向性，所以能够穿透大气而到达几千米甚至地面以下几十米深处，大大提高了探测精度。距离和速度的高分辨率意味着可以利用多普勒成像技术获得清晰的目标图像。分辨率是激光雷达最明显的优势，其大部分应用都是基于高分辨率的。

（2）隐蔽性好，抗有源干扰能力强：激光是直线传播的，具有方向性，光束很窄，是目前最先进的探测技术之一。由于激光束本身具有一定的发散角，所以当被测目标距离较远时，会使测量精度降低，甚至无法进行精确测距或测向。它只是在传播路径中被发现，拦截非常困难，激光雷达的发射系统（发射望远镜）很小，接收范围较窄，发出的激光干扰信号到达接收机的概率极低。此外，一般雷达易受自然界中广泛存在的电磁波的影响，但干扰激光雷达的信号来源不多，因此激光雷达对有源干扰的抵抗能力很强，适合在日益复杂和激烈的信息战环境中工作。

（3）低空探测性能好：一般雷达在低空有盲点（不可探测区域），原因是存在各种地物回波。在这种情况下，如果采用微波遥感技术进行观测就显得比较困难。所以目前主要还是以毫米波雷达遥感为主。但是由于毫米波雷达辐射能量较弱，只能用于远距离监测和预警，很难达到实时监视。在激光雷达的情况下，只反射受辐射的目标，没有任何地物回波，使其能够在"零高度"工作，在低高度时的性能比一般雷达好得多。

（4）体积小，质量轻：一般雷达通常体积庞大，整个系统的质量以吨为单位测量，而天线就只有几米，甚至几十米。如果采用激光技术则可大大缩小尺寸，使整个设备质量减轻一半以上。另外，由于它具有良好的方向性和穿透力，因此在军事上应用广泛，如制导导弹等。激光雷达要轻得多，也更灵巧，发射望远镜的直径一般只有几厘米，整个系统的质量只有几十千克，便于安装和拾取。而激光雷达的结构相对简单、维护方便、操作方便、成本相对较低。

当然，激光雷达也有缺点，主要表现如下。

（1）天气、大气对工作的影响。在晴朗的日子里，激光的衰减通常会较弱，并传播得更远。而在大雨、浓烟、浓雾等恶劣天气下，衰减急剧增加，影响传播距离。例如，工作波长为 $10.6\mu m$ 的 CO_2 激光比所有激光都具有更好的大气传输性能，在恶劣天气下的衰变是晴天的 6 倍。在地面或低空使用的 CO_2 激光雷达，晴天在 $10\sim20km$ 的范围内工作，在天气不好时，在 1km 范围以内工作。因此，当遇到恶劣天气时，即使是很短的时间，也会产生较大误差。此外，激光束的大气环流会引起激光光束的畸变和抖动，这将直接影响激光雷达测量的精度。

（2）激光雷达的波束非常窄，很难在空间搜索目标，这直接影响截获概率和探测效率。

激光雷达被视为所有行业的关键传感技术，在机器人技术、无人驾驶技术、智慧城市技术等领域发挥着重要作用。

8.1.2 激光雷达分类

1. 单线激光雷达

单线激光雷达是指激光源发出的线束是单线的雷达，如图 8.2 所示，具有三角测距及 TOF 激光雷达之分，主要以机器人领域应用居多，其扫描速度快、分辨率高、可靠性高。与多线激光雷达相比，单线激光雷达在角频率及灵敏度上的反应更快捷，在障碍物的测距距离和精度上更加精准。

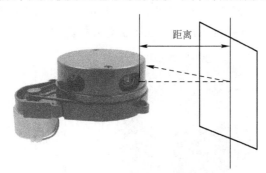

图 8.2 单线激光雷达

单线激光雷达主要由激光器、接收器、信号处理单元和旋转机构构成。

（1）激光器：激光器是单线激光雷达中的激光发射机构，在工作过程中，它会以脉冲的方式点亮。思岚科技 RPLIDAR A3 系列的雷达，每秒钟会点亮和熄灭 16000 次。

（2）接收器：激光器发射的激光照射到障碍物以后，通过障碍物的反射，反射光线会经由镜头组汇聚到接收器上。

（3）信号处理单元：信号处理单元负责控制激光器的发射，以及接收器收到的信号的处理，根据这些信息计算出目标物体的距离信息。

（4）旋转机构：以上 3 个组件构成了测量的核心部件，旋转机构负责将上述核心部件以稳定的转速旋转起来，从而实现对所在平面的扫描，并产生实时的平面图信息。

1）单线激光雷达的优点

单线激光雷达开发较早，从智能小车到仿人机器人，全是单线激光雷达的痕迹。我国机器人用单线激光雷达技术已经成熟。以思岚科技为代表的单线激光雷达，其测量半径为 40m，可避免环境光和强日光的干扰，在室内和室外均可稳定使用，扫描速度快，分辨率高，可靠性高。此外，单线激光雷达体积小、结构紧凑、质量轻，适用于多种场景。目前很多开源资料都是基于单线激光雷达编写的，无论是用于项目实验，还是用于单线激光雷达的相关学习，网上的开源资料非常多，而且多数程序问题都会在网上找到答案，所以单线激光雷达对于初学者是个非常不错的选择。

2）单线激光雷达的缺点

由于单线激光雷达结构简单、精度不高，容易受到外界的干扰，所以其只能进行平面式扫描，不能测量物体高度。当前主要应用于常见的扫地机器人、送餐机器人等服务机器人身上，不适合用在非常复杂的环境中。

2．多线激光雷达

多线激光雷达是指同时发射及接收多束激光的激光旋转测距雷达，如图 8.3 所示。市场上目前有 4 线、8 线、16 线、32 线、64 线和 128 线之分，多线激光雷达可以识别物体的高度信息，并可获取周围环境的 3D 扫描图，主要应用于无人驾驶领域。

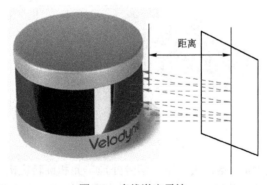

图 8.3 多线激光雷达

在无人驾驶领域，多线激光雷达主要有以下两个核心作用。

（1）3D 建模及环境感知：通过多线激光雷达，可以扫描汽车周围环境的 3D 模型，运用相关算法对比上一帧及下一帧环境的变化，能较为容易地检测出周围的车辆及行人，如图 8.4 所示。

图 8.4　多线激光雷达检测周围的车辆及行人

（2）同步定位与建图（SLAM）：SLAM 是其另一大特性，通过实时地对得到的全局地图与高精度地图中的特征物进行比对，能加强车辆的定位精度并实现自主导航。

目前，用于无人驾驶的激光雷达主要集中在国外，包括美国的 Velodyne 和 Quanegy，以及德国的 IBEO 品牌。由 Velodyne 公司生产的多线激光雷达价格昂贵，都在几万元或更高的范围内，这个价格对一般的车企来说太高了。

相比之下，单线激光雷达便宜得多，它是一种单线源发射线束的雷达。目前，单线激光雷达主要用于帮助机器人避开障碍物，扫描速度快，分辨率高，可靠性高。多线激光雷达在角频率和灵敏度方面比多线激光雷达更灵敏，因此单线激光雷达在测量周围障碍物的距离和精度方面更准确。

1）多线激光雷达的优点

得益于多线激光雷达的硬件结构，多线激光雷达能够获取到的点云数据是单线激光雷达所不能比拟的。对于无人驾驶来说，在硬件条件满足的情况下，对外界的感知信息越多，在行为决策的时候就越安全。

2）多线激光雷达的缺点

多线激光雷达的应用场景更为复杂，对性能的要求更高，所以导致多线激光雷达有价格高、可量产性差（工艺复杂、组装困难）、体积大、难以过车规（平均失效时间 1000～

3000h，而汽车厂商的要求是至少 13000h）、可靠性差（内含大量可动部件，在行车环境下磨损严重）等缺点。

3. 固态激光雷达

理论上来说，固态激光雷达是完全没有移动部件的雷达，光相控阵（Optical Phased Array，OPA）及 Flash 是其典型的技术路线，如图 8.5 所示，也被认为是纯固态激光雷达方案。固态激光雷达的实践效果如图 8.6 所示，但近年来，一些非完全旋转的激光雷达也被统称为"固态激光雷达"，它们具备了固态激光雷达很多性能特点，如分辨率高、视场（Field Of View，FOV）（前向而不是 360°）大等，但这些技术方案会有一些微小的移动部件，严格意义上来说不能算纯固态激光雷达。

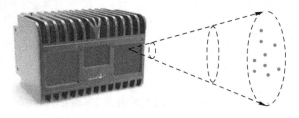

图 8.5　固态激光雷达

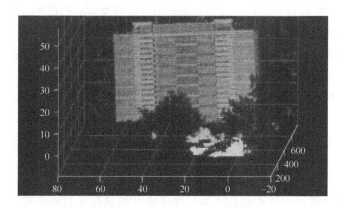

图 8.6　固态激光雷达的实践效果

经过多年的发展，固态激光雷达的基本框架已经比较清晰了，以下是目前主流的 3 种方案。

（1）MEMS：MEMS 是指机械机构的微型化和电子化设计，它通过微电子工艺将体积庞大的机械结构整合到硅基芯片上进行大规模生产。这项技术已经成熟，可以批量生产了。其主要通过 MEMS 微镜实现垂直一维扫描，整个机器 360°水平旋转完成水平扫描，而它的光源是光纤激光器，主要是因为 905nm 的重频不高（重频高，平均功率就会过高，会影响激光管的寿命）。严格意义上来说，MEMS 并不算作纯固态激光雷达，这是因为在 MEMS 方案中并没有完全消除机械，而是将机械微型化了，扫描单元变成了 MEMS 微镜。

（2）OPA 技术：与其他技术方案相比，OPA 技术方案描述了激光雷达芯片级解决方案的前景，该方案主要由多个光源阵列组成，通过控制每个光源之间的发光时间差，合成具有特定方向的主光束，然后控制主光束在不同方向进行扫描。雷达精度可以到毫米级，符合固态化、小型化和低成本化激光雷达的发展趋势，但面临的挑战是如何改进按时间单位测量的点云数据和提高投入成本。

（3）Flash 快闪技术：Flash 激光雷达的原理也是快闪，它不像 MEMS 或 OPA 技术方案会进行扫描，而是在短时间内直接发射出一大片覆盖探测区域的激光，再以高度灵敏的接收器完成对环境周围图像的绘制。

1）固态激光雷达的优点

利用光学相控阵扫描技术的固态激光雷达的确有很多优点。例如：

（1）它的结构简单，体积小，不需要旋转部件，在结构和尺寸上可以大大压缩，提高使用寿命，降低其成本。

（2）光学相控阵的扫描精度取决于电信号的扫描精度，电信号的扫描精度可以达到公制等级的千分之一以上。

（3）具有良好的可控性，可以任意角度定位，可对重点区域进行高密度扫描。

（4）光学相控阵的扫描速度取决于所用材料的电子学特性，一般可达兆赫兹级别。

2）固态激光雷达的缺点

当然，固态激光雷达也同样存在一些缺点。例如：

（1）扫描角是有限的。固态意味着激光雷达不能 360°旋转，只能探测到前方的情况。因此，需要在不同方向部署多个（至少前后）固态激光雷达，以实现全方位扫描。

（2）旁瓣问题。光栅衍射除了产生中央明纹，还产生其他明纹，使激光在最大功率方向外形成旁瓣，分散激光能量。

（3）光学相控阵要求阵列单元的尺寸不超过半个波长，一般激光雷达目前的工作波长在 1μm 左右，所以阵列单元的尺寸不能超过 500nm。阵列的密度越高，能量的浓度就越高，这就对加工精度提出了更高的要求，需要一定的技术突破。

（4）接收面大，信噪比低。传统机械雷达只需要一个小的接收窗口，而固态激光雷达需要一个完整的接收面，这就带来了更多的环境光噪声，使得扫描和分析更加困难。

一般来说，市场上现有的雷达产品难以同时满足固态激光雷达应有的特性（可靠性、低成本和测距），这使得固态激光雷达难以在短时间内产品化，这也导致所有固态激光雷达公司的交货日期都被延长。

虽然许多业内人士预测固态化、小型化和低成本化的激光雷达将是未来的发展趋势，但目前机械式激光雷达仍是主流。

8.2 常用激光雷达

LS01G 激光雷达是北京钢铁侠科技有限公司定制的一款低成本二维扫描测距产品。如图 8.7 所示，该激光雷达可以实现 8m 范围内 360°二维平面扫描，产生空间的平面点云地图信息用于地图测绘、机器人自主定位导航、智能设备避障等应用。可调整 LS01G 激光雷达的采样率和扫描频率。默认每秒采样 3600 点、扫描频率为 3~11Hz，角度分辨率为 1°或 0.5°。扫描频率最高可设置为 11Hz，每秒的采样点数最高达 3600 点。LS01G 激光雷达采用激光三角测距系统，在各类室内环境，以及 25000lux 光照以下的室外环境下表现俱佳，另有 80000lux 强光下正常工作的加强版本。

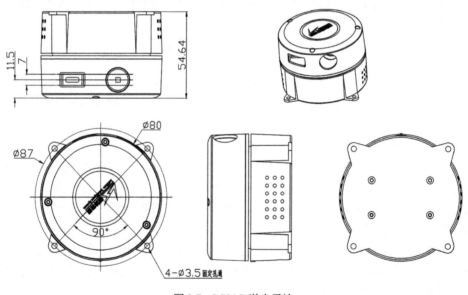

图 8.7　LS01G 激光雷达

8.2.1　参数特征

LS01G 激光雷达的参数特征如表 8.1 所示。

第 8 章 雷达

表 8.1 LS01G 激光雷达的参数特征

型号	LS01G
扫描频率	3~11Hz
测点速率	3600 点/秒
测量范围	8m
测量精度	测量物体在 1m 以内时小于 18mm，1m 以外范围内小于实际距离的 2.5%
扫描角度	360°
角度分辨率	1°/0.5°
光照强度	20000lux 典型值
供电范围	4.75~5.25V
通信接口	UART（可定制 USB、蓝牙等接口）
重量	197g
尺寸（$D \cdot H$）	直径 80×54.66mm

8.2.2 工作原理

LS01G 激光雷达采用了激光三角测距原理，如图 8.8 所示，通过高频图像采集处理系统，默认工作的测量频率为每秒 3600 点，用户定制最高可达 4000 点/秒。在每次的测距过程中，LS01G 激光雷达的脉冲调制激光器发射红外激光信号，该激光信号照射到目标物体后产生反射光斑，该反射光斑经过一组光学透镜由 LS01G 的图像采集处理系统接收。经过 LS01G 激光雷达的内嵌信号处理模块实时解算，目标物体与 LS01G 激光雷达的距离值，以及相对方位角度值将从通信接口输出。

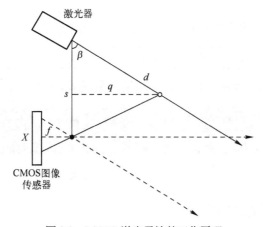

图 8.8 LS01G 激光雷达的工作原理

在机械旋转模块的带动下，LS01G 激光雷达的高频核心测距模块将进行顺时钟旋转，从而实现对周围环境的 360°扫描测距。

8.2.3 使用方法

1. 接线

LS01G 激光雷达的接线方式也很简单，只需要将 USB 接口与计算机相连接即可，如图 8.9 所示。

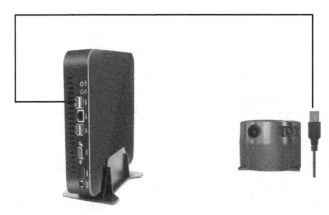

图 8.9　LS01G 激光雷达的连接

2. 运行 ls01g 功能包程序

因为 Art_Table 包含了 ls01g 功能包，所以可以直接运行 ls01g 功能包程序。

使用"Ctrl + Alt + T"组合键打开一个终端，在终端中输入以下命令：

```
$ roslaunch ls01g ls01g.launch
```

按回车键，若终端出现如图 8.10 所示的结果，则表示运行成功。

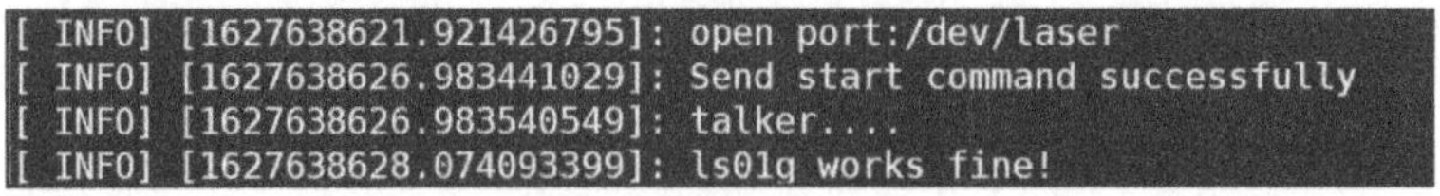

```
[ INFO] [1627638621.921426795]: open port:/dev/laser
[ INFO] [1627638626.983441029]: Send start command successfully
[ INFO] [1627638626.983540549]: talker....
[ INFO] [1627638628.074093599]: ls01g works fine!
```

图 8.10　终端的运行结果

3. 使用 Rviz 查看雷达点云图

使用"Ctrl + Alt + T"组合键打开一个终端，在终端输入以下命令，打开 Rviz 数据可视化

第 8 章 雷达

工具：

```
$ rosrun rviz rviz
```

按回车键，若打开如图 8.11 所示的界面，则表示 Rviz 启动成功。

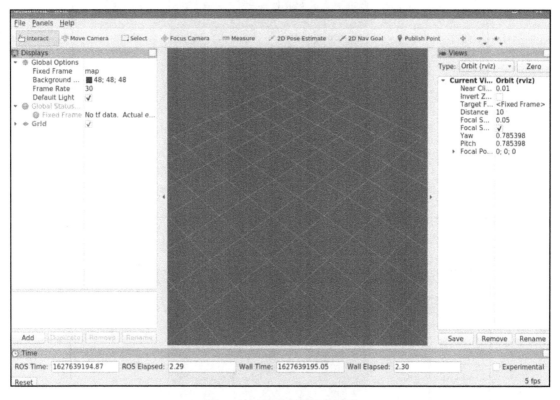

图 8.11　Rviz 数据可视化界面

从图 8.11 中可以看到，Rviz 中没有任何内容，因为这是最初始的配置，所以接下来需要按照以下配置来配置 Rviz。

1）修改 Fixed Frame

（1）双击"Displays"菜单栏"Fixed Frame"右侧的"map"，如图 8.12 所示。

（2）将"map"修改为"base_link"，如图 8.13 所示。

2）添加 Laser 点云数据

（1）单击 Rviz 界面中的"Add"按钮，如图 8.14 所示。

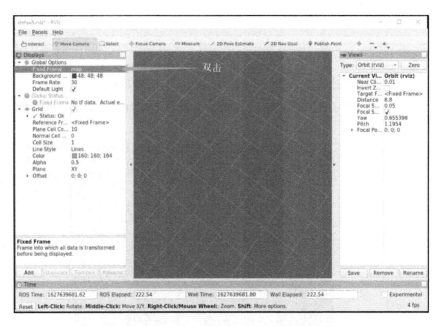

图 8.12 双击"Displays"菜单栏"Fixed Frame"右侧的"map"

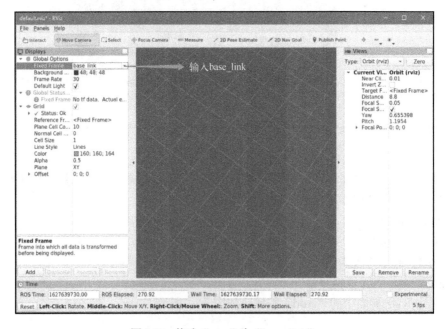

图 8.13 修改"map"为"base_link"

第 8 章 雷达

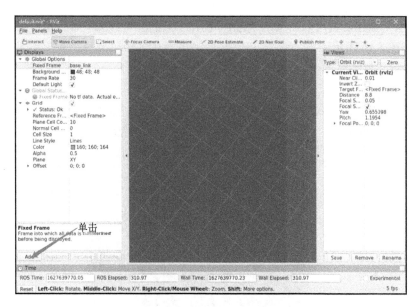

图 8.14 单击"Add"按钮

（2）在弹出的"rviz"对话框中单击"By topic"标签。在"By topic"标签页中单击"LaserScan"，单击"OK"按钮，如图 8.15 所示。

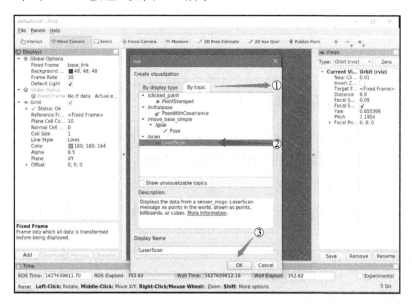

图 8.15 "By topic"标签页

单击"OK"按钮后就可以在 Rviz 数据可视化工具的网格界面中看到雷达的点云图,并在实时刷新,如图 8.16 所示。

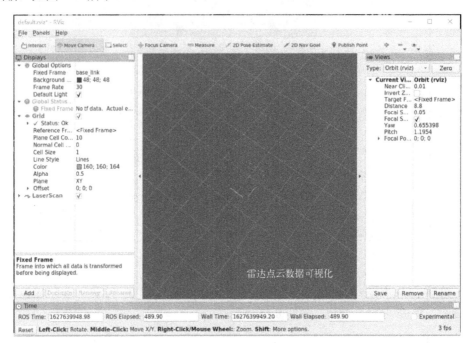

图 8.16　实时刷新的雷达的点云图

8.3　激光雷达 ROS 通信驱动

上节详细介绍了激光雷达、超声波雷达和毫米波雷达的相关特性与优劣,属于雷达的硬件属性,本节将介绍如何根据雷达的硬件属性来编写驱动。

1. 创建 ls01g 雷达驱动功能包

以激光雷达 LS01G 为例,首先进入 ROS 工作空间的 src 目录,创建一个名为"ls01g"的雷达驱动功能包:

```
# 进入 ROS 工作空间
$ cd <ROS 工作空间路径>/src
# 创建 ls01g 功能包
$ catkin_create_pkg ls01g roscpp rospy std_msgs sensor_msgs
```

第 8 章 雷达

2. 修改 CmakeLists.txt 文件

（1）上一步已经成功创建了 ls01g 功能包，这时候 catkin 工具就默认创建了很多基础文件和文件夹，接下来通过 cd 命令进入功能包，开始修改 CmakeLists.txt 文件：

```
# 进入 ls01g 功能包
$ cd ls01g
# 修改 CmakeLists.txt 文件
$ vim CmakeLists.txt
```

（2）将 CmakeLists.txt 文件中的内容全部删除，开始编写以下程序：

```
# 设定 Cmake 的最低版本是 2.8.3
Cmake_minimum_required(VERSION 2.8.3)
# 定义该工程（也叫功能包）的名称是 ls01g
project(ls01g)
# 自动找到系统中 ROS 的依赖：roscpp、rospy、std_msgs、sensor_msgs
find_package(catkin REQUIRED COMPONENTS
  roscpp
  rospy
  std_msgs
  sensor_msgs
)
# 编译时将当前功能包变成 ROS 认可的功能包，把生成的可执行文件也放到指定的目录，以保
# 证使用 rosrun 可以正确运行节点程序
catkin_package()

# 这里将 ROS 中的 roscpp、rospy、std_msgs、sensor_msgs 的头文件目录添加编译，因
# 为在 find_package(...) 中添加的依赖编译后生成的头文件都放在 src 目录下，所以直接添
# 加 src 的路径即可，其中${catkin_INCLUDE_DIRS}就是代表 roscpp、rospy、std_
# msgs、sensor_msgs 这几个依赖的头文件目录
include_directories(
  ${catkin_INCLUDE_DIRS}/src
)
# 这里将 src/main.cpp 和 src/uart_driver.cpp 两个源码文件编译成 ls01g 可执行文件
add_executable(ls01g src/main.cpp src/uart_driver.cpp)

# 告诉 Cmake 当需要链接 ls01g 这个可执行文件时链接
target_link_libraries(ls01g ${catkin_LIBRARIES})
```

这一步是为了在使用该驱动编译时，Cmake 能按照要求进行编译。

3. 编写 main.cpp 程序

上一步添加了 Cmake 编译规则，接下来就可以开始编写 LS01G 激光雷达的主程序：

```
# 进入 src 目录
$ cd src
# 编写 main.cpp 程序：
$ vim main.cpp
```

在 vim 编辑器中输入以下内容：

```cpp
#include <iostream>
#include <std_msgs/Int32.h>
/* 添加 ros 头文件 */
#include "ros/ros.h"
/* 添加 ROS 消息的 String 头文件 */
#include "std_msgs/String.h"
/* 添加传感器 ROS 消息的 LaserScan 头文件 */
#include "sensor_msgs/LaserScan.h"
/* 添加雷达驱动头文件 */
#include "uart_driver.h"
/* 设定命名空间 */
using namespace std;
/* 初始化参数设置 */
bool is_scan_stop = false;
bool is_motor_stop = false;
bool zero_as_max = true;
bool min_as_zero = true;
bool inverted = true;
string laser_link = "laser_link";
/* 雷达扫描的最小角度：-1 */
double angle_disable_min = -1;
/* 雷达扫描的最大角度：-1 */
double angle_disable_max = -1;
/* 定义雷达驱动对象 */
io_driver driver;

/* 发布雷达话题数据函数的实现 */
void publish_scan(ros::Publisher *pub, double *dist, double *intensities, int count, ros::Time start, double scan_time)
```

第 8 章 雷达

```
        {
            static int scan_count = 0;

            /* 定义雷达数据对象为 scan_msg */
            sensor_msgs::LaserScan scan_msg;
            /* 初始化 scan_msg 对象的成员 */
            scan_msg.header.stamp = start;
            scan_msg.header.frame_id = laser_link;
            scan_count++;
            // scan_msg.angle_min = (angle_disable_min < 0) ? 0:angle_disable_min;
            // scan_msg.angle_max = (angle_disable_max < 0) ? 2 * M_PI : angle_disable_max;
            scan_msg.angle_min = 0.0;
            scan_msg.angle_max = 2 * M_PI; // M_PI 指圆周率:3.14159265358979323846
            scan_msg.angle_increment = (scan_msg.angle_max - scan_msg.angle_min) / (double) (count - 1);
            scan_msg.scan_time = scan_time;
            scan_msg.time_increment = scan_time / (double) (count - 1);
            /* 设定雷达最小扫描范围为 0.1m */
            scan_msg.range_min = 0.1;

            /* 设定雷达最大扫描范围为 10m */
            scan_msg.range_max = 10.0;

            /* 为 sacn_msg.intensities[] 数组分配大小 */
            scan_msg.intensities.resize(count);
            /* 为 sacn_msg.ranges[] 数组分配大小 */
            scan_msg.ranges.resize(count);

            /* 判断雷达的旋转方向 */
            /* 雷达正转 */
            if (!inverted)
            {
                /* 根据雷达转过的度数对 scan_msg.ranges[] 数组初始化 */
                for (int i = count - 1; i >= 0; i--)
                {
                    /* 判断雷达旋转过的度数是否满足设定的旋转角度范围 */
                    if((i >= angle_disable_min) && (i < angle_disable_max))
```

```cpp
            {
                /* 如果 min_as_zero 为 true */
                if (min_as_zero)

                    /* scan_msg.ranges[i]的值设为 0 */
                    scan_msg.ranges[i] = 0.0;

                /* 如果 min_as_zero 为 flase */
                else
        /* scan_msg.ranges[i]的值设为 float 数据类型的正无穷大值: 3.40282e+38 */
                    scan_msg.ranges[i]= std::numeric_limits<float>::infinity();
            }

            /* 如果雷达旋转过的度数不满足设定的旋转角度 */
            /* 并且如果dist[count -i - 1]的值为0, 以及zero_as_max的值为true */
            else if(dist[count - i - 1] == 0.0 && zero_as_max)
              /* scan_msg.ranges[i]的值设为雷达扫描的最大范围减掉0.2m */
              scan_msg.ranges[i] = scan_msg.range_max - 0.2;
            /* 如果dist[count - i - 1]的值为 0 */
            else if(dist[count - i - 1] == 0.0)
              /* 如果min_as_zero 的值为true */
              if (min_as_zero)
                 /* scan_msg.ranges[i]的值设为 0 */
                 scan_msg.ranges[i] = 0.0;
              /* 如果min_as_zero 的值为flase */
              else
                 /* scan_msg.ranges[i]的值设为float 类型的正无穷大: 3.40282e+38 */
                 scan_msg.ranges[i] = std::numeric_limits<float>::infinity();
            /* 如果dist[count - i - 1]的值不为 0 */
            else
              /* scan_msg.ranges[i]的值设为 dist[count-i-1]除以 1000 */
              scan_msg.ranges[i] = dist[count - i - 1] / 1000.0;
            /* 取 intensities[count - i -1]的最大整数赋值给 scan_msg.
intensities[i] */
              scan_msg.intensities[i] = floor(intensities[count-i-1]);
         }}
        /* 雷达反转 */
        else
        {
```

```
/* 从 0~179 循环操作（也就是雷达旋转 1°~180°的赋值操作） */
for (int i = 0; i <= 179; i++)
{
    /* 判断雷达旋转过的度数是否满足设定的角度范围 */
    if((i >= angle_disable_min) && (i < angle_disable_max))
    {
        /* 如果雷达旋转过的角度范围满足设定的角度范围 */
        /* 判断 min_as_zero 是否为 ture */
        if (min_as_zero)
          /* 如果 min_as_zero 为 ture, scan_msg.ranges[i]的值赋为 0 */
          scan_msg.ranges[i] = 0.0;
        /* 如果 min_as_zero 为 flase */
        else
          /* scan_msg.ranges[i]的值设为 float 类型的正无穷大: 3.40282e+38 */
          scan_msg.ranges[i]=std::numeric_limits<float>::infinity();
    }
    /* 如果雷达旋转过的角度不满足设定的角度范围 */
    /* 判断 dist[179 - i]的值是否为 0, 以及 zero_as_max 的值是否为 ture */
    else if(dist[179-i] == 0.0 && zero_as_max)

 /* 如果满足 dist[179-i]的值为 0, 以及 zero_as_max 的值为 ture 这个条件 */
    /* scan_msg.ranges[i]的值设为雷达扫描的最大范围值减去 0.2m */
    scan_msg.ranges[i] = scan_msg.range_max - 0.2;
    /* 如果 dist[179 - i]的值为 0 */
    else if(dist[179-i] == 0.0)
      /* 如果 min_as_zero 为 ture */
      if (min_as_zero)
        /* scan_msg.range[i]的值设为 0 */
        scan_msg.ranges[i] = 0.0;
      /* 如果 min_as_zero 为 flase */
      else
        /* scan_msg.range[i]的值设为 float 类型的正无穷大: 3.40282e+38 */
        scan_msg.ranges[i] = std::numeric_limits<float>::infinity();

    /* 如果 dist[179 - i]的值不为 0 */
    else
      /* scan_msg.ranges[i]的值设为 dist[179 - i]再除以 1000 */
      scan_msg.ranges[i] = dist[179-i] / 1000.0;
      /* 最后取 intensities[179-i]的最大整数赋值给 scan_msg.intensities[i] */
```

```
            scan_msg.intensities[i] = floor(intensities[179-i]);
        }
        /* 从 180 到 360 循环操作（也就是雷达旋转 180°～360°的赋值操作）*/
        for (int i = 180; i < 360; i++)
        {
            if((i >= angle_disable_min) && (i < angle_disable_max))
            {
                if (min_as_zero)
                  scan_msg.ranges[i] = 0.0;
                else
                  scan_msg.ranges[i]= std::numeric_limits<float>::infinity();
            }
            else if(dist[540-i] == 0.0 && zero_as_max)
              scan_msg.ranges[i] = scan_msg.range_max - 0.2;
            else if(dist[540-i] == 0.0)
              if (min_as_zero)
                 scan_msg.ranges[i] = 0.0;
              else
                 scan_msg.ranges[i] = std::numeric_limits<float>::infinity();
            else
              scan_msg.ranges[i] = dist[540-i] / 1000.0;
            scan_msg.intensities[i] = floor(intensities[540-i]);
        }
    }

    /* 将 scan_msg 对象发布到 ROS Master 中 */
    pub->publish(scan_msg);
}

/* 控制雷达电机旋转的函数 */
void startStopCB(const std_msgs::Int32ConstPtr msg)
{
    /* 将传到函数里的 msg 对象的 data 成员赋值给 cmd */
    Command cmd = (Command) msg->data;
    /* 选择 cmd 命令 */
    switch (cmd)
    {
        /* 停止获取雷达数据 */
```

```cpp
            case STOP_DATA:
                /* 如果雷达电机正在旋转 */
                if (!is_scan_stop)
                {
                    /* 将 STOP_DATA 的值传到 driver.StopScan()函数中 */
                    driver.StopScan(STOP_DATA);
                    /* is_scan_stop 雷达停止标志为 true */
                    is_scan_stop = true;
                    /* ROS 日志打印 stop scan */
                    ROS_INFO("stop scan");
                }
                break;
            /* 停止雷达旋转 */
            case STOP_MOTOR:
                if (!is_scan_stop)
                {
                    /* 停止接收雷达数据 */
                    driver.StopScan(STOP_DATA);
                    is_scan_stop = true;
                    ROS_INFO("stop scan");
                }
                if (!is_motor_stop)
                {
                    /* 停止雷达电机旋转 */
                    driver.StopScan(STOP_MOTOR);
                    is_motor_stop = true;
                    ROS_INFO("stop motor");
                }
                break;
            /* 开启雷达电机和接收数据 */
            case START_MOTOR_AND_SCAN:
                if (is_scan_stop)
                {
                    ROS_INFO("start scan");
                    /* 启动雷达 */
                    int res = driver.StartScan();
                    ROS_INFO("start: %d", res);
                    is_scan_stop = false;
                    is_motor_stop = false;
```

```cpp
            }
            break;
        default:
            ROS_WARN("Unkonw command: %d ", cmd);
            break;
    }
}

int main(int argv, char **argc)
{
    /* ROS 节点初始化设置 */
    /* 设置节点名并初始化节点为ls01g */
    ros::init(argv, argc, "ls01g");
    /* 设置句柄n */
    ros::NodeHandle n;
    /* 设置雷达发布话题为scan */
    string scan_topic = "scan";
    /* 设置雷达接口为/dev/ttyUSB0 */
    string port = "/dev/ttyUSB0";
    /* 设置参数获取 */
    ros::param::get("~scan_topic", scan_topic);
    ros::param::get("~laser_link", laser_link);
    ros::param::get("~serial_port", serial_port);
    ros::param::get("~angle_disable_min", angle_disable_min);
    ros::param::get("~angle_disable_max", angle_disable_max);
    ros::param::get("~zero_as_max", zero_as_max);
    ros::param::get("~min_as_zero", min_as_zero);
    ros::param::get("~inverted", inverted);
    /* 定义雷达发布话题对象为scan_pub */
    ros::Publisher scan_pub =n.advertise<sensor_msgs::LaserScan>(scan_topic, 1000);
    /* 定义监听话题对象为stop_sub */
    ros::Subscriber stop_sub = n.subscribe<std_msgs::Int32>("startOrStop", 10, startStopCB);
    int ret;
    /* 设置雷达串口 */
    ret = driver.OpenSerial(port.c_str(), B230400);
    /* 检查串口状态 */
    if (ret < 0)
```

```
        {
            ROS_ERROR("could not open port:%s", port.c_str());
            return 0;
        }
        else
        {
            ROS_INFO("open port:%s", port.c_str());
        }

        /* 如果设置雷达的旋转方向为反转，则ROS日志打印雷达已反转，零度方向与直线对齐 */
        if (inverted)
        {
            ROS_INFO("This laser is inverted, zero degree direction is align with line");
        }
        /* 启动雷达 */
        drive
        /* ROS日志打印：雷达启动成功 */
        ROS_INFO("Send start command successfully");
        /* 定义角度数组存储雷达角度数据 */
        double angle[PACKLEN + 10];
        /* 定义雷达距离数组存储雷达测距数据 */
        double distance[PACKLEN + 10];
        /* 定义雷达数据数组存储雷达点云数据 */
        double data[PACKLEN + 10];
        /* 定义雷达激光强度数组存储雷达激光强度数据 */
        double data_intensity[PACKLEN + 10];
        /* 定义雷达电机速度变量 */
        double speed;

        int count = 0;

        ros::Time starts = ros::Time::now();
        ros::Time ends = ros::Time::now();
        ROS_INFO("talker....");
        while (ros::ok())
        {
            ros::spinOnce();
```

```
            if (is_scan_stop)
                continue;

            // ROS_INFO_THROTTLE(2, "talker");
            memset(data, 0, sizeof(data));

            /* 获取雷达数据 */
            int ret = driver.GetScanData(angle, distance, PACKLEN, &speed);

            for (int i = 0; i < ret; i++)
            {
                /* 将雷达检测到的距离数据传到 data[i] */
                data[i] = distance[i];
                /* 将雷达检测的角度数据传到 data_intensity[i] */
                data_intensity[i] = angle[i];
            }
            /* ROS 日志打印：ls01g works fine! 提示雷达运行正常 */
            ROS_INFO_THROTTLE(30, "ls01g works fine!");
            ends = ros::Time::now();
            /* 计算雷达运行的时间 */
            float scan_duration = (ends - starts).toSec() * 1e-3;

            /* 发布雷达数据到 ROS 话题 */
            publish_scan(&scan_pub, data, data_intensity, ret, starts, scan_duration);

            starts = ends;
        }
        /* 停止雷达数据传输 */
        driver.StopScan(STOP_DATA);
        /* 停止雷达电机旋转 */
        driver.StopScan(STOP_MOTOR);
        /* 关闭雷达串口 */
        driver.CloseSerial();

        ROS_INFO("Keyboard Interrupt, ls01g stop!");
        return 0;
    }
```

编写完后，按"Esc"键进入 vim 命令行模式，然后输入"wq"，保存并退出，main.cpp 程序就编写完成了。

4. 编写 uart_driver.h 程序

上一步编写完了 main.cpp 程序，接下来开始编写 uart_driver.h 程序：

```
# 编写 uart_driver.h
$ vim uart_driver.h
```

输入以下内容：

```
#ifndef __UART_DRIVER_H
#define __UART_DRIVER_H
#include <iostream>
#include <stdio.h>
#include <stdlib.h>
#include <unistd.h>
#include <string>
#include <string.h>
#include <termios.h>
#include <fcntl.h>
#include <sstream>
#include <semaphore.h>
#include <pthread.h>
#include <sys/types.h>
#include <sys/stat.h>
#include <fcntl.h>
#include <errno.h>
#include <malloc.h>
#include <termios.h>
#include "math.h"
#include <stdbool.h>
#include <sys/time.h>
#define PACKSIZE 1812
#define PACKLEN  (PACKSIZE/5-2)
#define LSLIDAR_CMD_BYTE           0xa5
#define LSLIDAR_CMD_START          0x2c
#define LSLIDAR_CMD_STOP           0x25
#define LSLIDAR_CMD_SCAN           0x20
#define LSLIDAR_CMD_END            0xd1
```

```c
#define LSLIDAR_CMD_RESET               0x40
#define LSLIDAR_CMD_RESET_END           0xe5
#define LSLIDAR_CMD_STOPSCAN            0x21
#define LSLIDAR_CMD_STOPSCAN_END        0xc6
enum Command
{
   STOP_DATA = 1, STOP_MOTOR = 2, START_MOTOR_AND_SCAN = 4
};
struct ture_data{
   int ture;
   int curr;
   unsigned char data[1024];
};
struct wifides {
    int start;
    int end;
    int flag;
    int packsize;
    int packcurr;
    unsigned char buf[1024];
};
struct basedata {

    int flag;
    int start;
    int end;
    int curr;
    unsigned char data[PACKSIZE];
    struct basedata *next;
};

#pragma pack(1)
typedef struct _rplidar_response_measurement_node_t {
    unsigned char    sync_quality;
    unsigned short   angle_q6_checkbit;   //角度
    unsigned short   distance_q2;         //距离
}rplidar_response_measurement_node_t;

struct scanDot {
```

```
        unsigned char    quality;
        float angle;
        float dist;
    };
    class io_driver
    {

    public:

        int OpenSerial(const char*, unsigned int baudrate);//it means fail if return -1
        int StartScan();
        int GetScanData( double *angle, double *distance, int len, double *speed);
        int Reset(void);
        int StopScan(Command cmd);
        void CloseSerial();
    };
    #endif
```

5. 编写 uart_driver.cpp 程序

上一步编写完了 uart_driver.h 程序，接下来开始编写 uart_driver.cpp 程序：

```
$ vim uart_driver.h
```

输入以下内容：

```
    #include "uart_driver.h"
    #define NO_SCAN         0
    #define START_SCAN      1
    #define STOP_SCAN       2
    static pthread_t id;
    static int m_dFd;
    static pthread_mutex_t g_tMutex = PTHREAD_MUTEX_INITIALIZER;
    static pthread_cond_t g_tConVar = PTHREAD_COND_INITIALIZER;
    static double g_angle[PACKLEN];
    static double g_distance[PACKLEN];
    static int creatPthread = 1;
    static struct basedata *g_pcurr = NULL;
    static double g_speed;
```

```c
static int IS360;
static int g_start_scan = NO_SCAN;
//static struct wifides pack;
#define DEBUG  0
#if DEBUG
#define ALOGI(x...)     printf( x)
#else
#define ALOGI(x...)
#endif
/* 重启雷达函数 */
static int RestartGetData(void)
{
   int wRet;
   /* wificmd 对应了 uart_driver.h 设置的宏变量 */
   char wificmd0[] =
   { 0xa5, 0x3A, 0xe1, 0xaa, 0xbb, 0xcc, 0xdd };
   char wificmd1[] =
   { 0xa5, 0x2C, 0xe1, 0xaa, 0xbb, 0xcc, 0xdd };
   char wificmd2[] =
   { 0xa5, 0x20, 0xe1, 0xaa, 0xbb, 0xcc, 0xdd };
   /* 打印日志到终端 */
   ALOGI("--------start scan----------\n");
   /* 写入 wificmd0 命令 */
   wRet = write(m_dFd, wificmd0, 7);
       if (wRet < 0)
           return wRet;
   /* 等待 5000000μs */
   usleep(5000000);
   /* 写入 wificmd1 命令 */
   wRet = write(m_dFd, wificmd1, 7);
   if (wRet < 0)
       return wRet;
   /* 等待 3000μs */
   usleep(3000);
   /* 写入 wificmd2 命令 */
   wRet = write(m_dFd, wificmd2, 7);
   if (wRet < 0)
       return wRet;
```

```c
            /* 打印日志到终端 */
            ALOGI("-------------end------------\n");
            return 0;
    }
        /* 同步参数函数 */
        static int Uart_parameter(unsigned char *data, double *angle, double
*dist, int len)
        {
            int i, j;
            unsigned char *tmp;
            rplidar_response_measurement_node_t *curr;
            ALOGI("len = %d, data[] = %02x  %d\n", len, data[len-1], IS360);
            if (data[0] == 0xA5 && data[6] == 0x81 && data[len - 1] == 0xdd)
            {
                //pthread_mutex_lock(&g_tMutex);
                //pthread_cond_signal(&g_tConVar);
                tmp = data + 7;
                g_speed = data[1] / 15.0;
                curr = (rplidar_response_measurement_node_t *) tmp;
                for (i = 7, j = 0; i < len - 4 && j < IS360; curr++, i += 5, j++)
                {
                    ALOGI("%d   ", curr->sync_quality);ALOGI("%d    ", curr->angle_q6_checkbit);
                    if (IS360 == 720)
                    { //720
                        if (curr->angle_q6_checkbit != (j + 1) * 5)
                        {
                            if (curr->angle_q6_checkbit == (j + 2) * 5)
                            {
                                angle[j] = (j + 1) * 5 / 10.0;
                                dist[j] = 0;
                                j++;
                                angle[j] = curr->angle_q6_checkbit / 10.0;
                                dist[j] = curr->distance_q2 / 1.0;
                            }
                            else
                            {
                                break;
                            }
```

```c
                    }
                    else
                    {
                        angle[j] = curr->angle_q6_checkbit / 10.0;
                        ALOGI("%d \n", curr->distance_q2);
                        dist[j] = curr->distance_q2 / 1.0;
                    }

                }
                else if (IS360 == 360)
                {
                    angle[j] = curr->angle_q6_checkbit / 10.0;
                    ALOGI("%d \n", curr->distance_q2);
                    dist[j] = curr->distance_q2 / 1.0;
                }
        }ALOGI("j= %d\n", j);
        if (j >= IS360)
        {
            pthread_mutex_lock(&g_tMutex);
            pthread_cond_signal(&g_tConVar);
            j = 0;
            pthread_mutex_unlock(&g_tMutex);
        }
        return j;
    }
    else
    {
        return 0;
    }

}

/* 创建基础数据列表函数 */
static struct basedata *creatlist(void)
{
    struct basedata *head;
    head = (struct basedata *) malloc(sizeof(struct basedata));
    if (NULL == head)
        return NULL;
```

```c
        head->flag = 0;
        head->start = 0;
        head->end = 0;
        head->curr = 0;
        head->next = NULL;

        return head;
    }
    /* 初始化列表 */
    static struct basedata *initlist(void)
    {
        struct basedata *head, *p;

        head = creatlist();
        if (NULL == head)
            return NULL;
        p = creatlist();
        if (NULL == p)
        {
            free(head);
            return NULL;
        }
        head->next = p;
        p->next = head;
        return head;
    }
    /* 初始化数据包大小 */
    static int InitPackageSize()
    {
        if (1812 == PACKSIZE)
        {
            IS360 = 360;
        }
        else if (3611 == PACKSIZE)
        {
            IS360 = 720;
        }
        else
        {
```

```
            return -1;
        }

        return 0;
}
/* 分析函数 */
static void analysis(unsigned char *buf, int nRet)
{
    unsigned char tempbuffer[2048];
    int i, j;
    int clen = 0;

    if (nRet > 0)
    {
        if (!g_pcurr->start && !g_pcurr->flag)
        {
            for (i = 0; i < nRet - 6; i++)
            {
                if (buf[i] == 0xa5 && buf[i + 6] == 0x81)
                {
                    break;
                }
            }ALOGI("i0 = %d\n", i);
            if (i >= nRet - 6)
            {
                memcpy(g_pcurr->data, buf + nRet - 6, 6);
                g_pcurr->flag = 1;
                g_pcurr->curr = 6;
            }
            else
            {
                memcpy(g_pcurr->data, buf + i, nRet - i);
                g_pcurr->start = 1;
                g_pcurr->flag = 1;
                g_pcurr->curr = nRet - i;
            }
        }
        else if (!g_pcurr->start && g_pcurr->flag)
        {
```

第 8 章 雷达

```c
memset(tempbuffer, 0, sizeof(tempbuffer));
memcpy(tempbuffer, g_pcurr->data, g_pcurr->curr);
memcpy(tempbuffer + g_pcurr->curr, buf, nRet);
clen = g_pcurr->curr + nRet;
ALOGI("clen=%d,nRet=%d\n", clen,nRet);
g_pcurr->start = 0;
g_pcurr->end = 0;
g_pcurr->flag = 0;
g_pcurr->curr = 0;
memset(g_pcurr->data, 0, PACKSIZE);
for (i = 0; i < clen - 6; i++)
{
    if (tempbuffer[i] == 0xa5 && tempbuffer[i + 6] == 0x81)
    {
        break;
    }
}ALOGI("i1=%d\n", i);
if (i >= clen - 6)
{
    memcpy(g_pcurr->data, tempbuffer + clen - 6, 6);
    g_pcurr->flag = 1;
    g_pcurr->curr = 6;
}
else
{
    if (clen - i < PACKSIZE)
    {
        memcpy(g_pcurr->data, tempbuffer + i, clen - i);
        g_pcurr->start = 1;
        g_pcurr->flag = 1;
        g_pcurr->curr = clen - i;
    }
    else if (clen - i == PACKSIZE)
    {
        memcpy(g_pcurr->data, tempbuffer + i, clen - i);
        g_pcurr->start = 1;
        g_pcurr->flag = 1;
        g_pcurr->end = 1;
        g_pcurr->curr += clen - i;
```

```c
                                }
                                else
                                {
                                    if (tempbuffer[i + PACKSIZE] == 0xa5)
                                    {
                                        memcpy(g_pcurr->data, tempbuffer + i, PACKSIZE);
                                        g_pcurr->start = 1;
                                        g_pcurr->flag = 1;
                                        g_pcurr->end = 1;
                                        g_pcurr->curr = PACKSIZE;
                                        g_pcurr = g_pcurr->next;
                                        g_pcurr->start = 0;
                                        g_pcurr->flag = 0;
                                        g_pcurr->end = 0;
                                        g_pcurr->curr = 0;
                                        memset(g_pcurr->data, 0, PACKSIZE);
                                        memcpy(g_pcurr->data, tempbuffer + i + PACKSIZE, clen - i - PACKSIZE);
                                        g_pcurr->start = 0;
                                        g_pcurr->flag = 1;
                                        g_pcurr->end = 0;
                                        g_pcurr->curr = clen - i - PACKSIZE;
                                        g_pcurr = g_pcurr->next;
                                    }
                                    else
                                    {
                                        memcpy(g_pcurr->data, tempbuffer + i + 1, clen - i - 1);
                                        g_pcurr->start = 0;
                                        g_pcurr->flag = 1;
                                        g_pcurr->curr = clen - i - 1;
                                    }
                                }
                            }
                        }
                    }
                    else if (g_pcurr->start && !g_pcurr->end)
                    {
                        for (i = 0; i < nRet - 6; i++)
                        {
```

```c
                    if (buf[i] == 0xa5 && buf[i + 6] == 0x81)
                    {
                        break;
                    }
                }

                ALOGI("i2=%d,nRet=%d\n",i,nRet);
                if (i >= nRet - 6)
                {
                    if (g_pcurr->curr + i < PACKSIZE)
                    {
                        if (g_pcurr->curr + nRet < PACKSIZE)
                        {
                            memcpy(g_pcurr->data + g_pcurr->curr, buf, nRet);
                            g_pcurr->curr += nRet;
                        }
                        else if (g_pcurr->curr + nRet == PACKSIZE)
                        {
                            memcpy(g_pcurr->data + g_pcurr->curr, buf, nRet);
                            g_pcurr->curr += nRet;
                            g_pcurr->end = 1;
                        }
                        else
                        {
                            clen = PACKSIZE - g_pcurr->curr;
                            if (buf[clen] == 0xa5)
                            {
                                memcpy(g_pcurr->data+g_pcurr->curr,buf,clen);
                                g_pcurr->end = 1;
                                g_pcurr->curr += clen;
                                g_pcurr = g_pcurr->next;
                                g_pcurr->start = 0;
                                g_pcurr->end = 0;
                                g_pcurr->flag = 0;
                                memset(g_pcurr->data, 0, PACKSIZE);
                                memcpy(g_pcurr->data,buf+clen,nRet-clen);
                                g_pcurr->start = 0;
                                g_pcurr->curr = nRet - clen;
                                g_pcurr->end = 0;
```

```
                g_pcurr->flag = 1;
                g_pcurr = g_pcurr->next;
            }
            else
            {
                g_pcurr->start = 0;
                g_pcurr->end = 0;
                g_pcurr->flag = 0;
                memset(g_pcurr->data, 0, PACKSIZE);
                memcpy(g_pcurr->data, buf + nRet - 3, 3);
                g_pcurr->start = 0;
                g_pcurr->flag = 1;
                g_pcurr->curr = 3;
            }
        }
    } //
    else if (g_pcurr->curr + i == PACKSIZE)
    {
        if (buf[i] == 0xa5)
        {
            memcpy(g_pcurr->data + g_pcurr->curr, buf, i);
            g_pcurr->curr += i;
            g_pcurr->end = 1;
            g_pcurr = g_pcurr->next;
            g_pcurr->start = 0;
            g_pcurr->end = 0;
            g_pcurr->flag = 0;
            memset(g_pcurr->data, 0, PACKSIZE);
            memcpy(g_pcurr->data, buf + i, nRet - i);
            g_pcurr->start = 0; /* no start*/
            g_pcurr->flag = 1;
            g_pcurr->curr = nRet - i;
            g_pcurr = g_pcurr->next;
        }
        else
        {
            g_pcurr->start = 0;
            g_pcurr->end = 0;
```

第8章 雷达

```
                    g_pcurr->flag = 0;
                    memset(g_pcurr->data, 0, PACKSIZE);
                    memcpy(g_pcurr->data, buf + nRet - 6, 6);
                    g_pcurr->start = 0;
                    g_pcurr->flag = 1;
                    g_pcurr->curr = 6;
                }
            }
            else
            {            //(g_pcurr->curr+i > PACKSIZE)
                g_pcurr->start = 0;
                g_pcurr->end = 0;
                g_pcurr->flag = 0;
                memset(g_pcurr->data, 0, PACKSIZE);
                memcpy(g_pcurr->data, buf + nRet - 6, 6);
                g_pcurr->start = 0;
                g_pcurr->flag = 1;
                g_pcurr->curr = 6;

            }
        }
        else
        {
            if (g_pcurr->curr + i != PACKSIZE)
            {
                g_pcurr->start = 0;
                g_pcurr->end = 0;
                g_pcurr->flag = 0;
                memset(g_pcurr->data, 0, PACKSIZE);
                memcpy(g_pcurr->data, buf + i, nRet - i);
                g_pcurr->start = 1;
                g_pcurr->flag = 1;
                g_pcurr->curr = nRet - i;
            }
            else
            {
                memcpy(g_pcurr->data + g_pcurr->curr, buf, i);
                g_pcurr->start = 1;
                g_pcurr->flag = 1;
```

```c
                    g_pcurr->end = 1;
                    g_pcurr->curr += i;
                    g_pcurr = g_pcurr->next;
                    memcpy(g_pcurr->data, buf + i, nRet - i);
                    g_pcurr->start = 1;
                    g_pcurr->flag = 1;
                    g_pcurr->end = 0;
                    g_pcurr->curr = nRet - i;
                    g_pcurr = g_pcurr->next;
                }
            }
        }
        if (g_pcurr->start && g_pcurr->end)
        {
            //pthread_mutex_lock(&g_tMutex);
            //pthread_cond_signal(&g_tConVar);
            Uart_parameter(g_pcurr->data,g_angle,g_distance,g_pcurr->curr);
            g_pcurr->start = 0;
            g_pcurr->end = 0;
            g_pcurr->flag = 0;
            memset(g_pcurr->data, 0, PACKSIZE);
            g_pcurr = g_pcurr->next;
            //pthread_mutex_unlock(&g_tMutex);
        }
    }
}

/* 创建线程函数 */
void *Uart_creatPthread(void *data)
{
    unsigned char buf[1024];
    fd_set read_fds;
    struct timeval tm;
    int nRet;
    while (creatPthread)
    {
        FD_ZERO(&read_fds);
        FD_SET(m_dFd, &read_fds);
```

```
                tm.tv_sec = 1;
                tm.tv_usec = 0;
                nRet = select(m_dFd + 1, &read_fds, NULL, NULL, &tm);
                if (nRet < 0)
                {
                    printf("select error!\n");
                }
                else if (nRet == 0)
                {
                    ALOGI("select timeout!\n");
                    if (START_SCAN == g_start_scan)
                    {
                        printf("timeout----\n");
                        RestartGetData();
                    }
                }
                else
                {
                    if (FD_ISSET(m_dFd, &read_fds))
                    {
                        bzero(buf, 1024);
                        nRet = read(m_dFd, buf, 1024);
                        if (nRet > 0)
                        {
                            //ALOGI("nRet = %d\n", nRet);
                            //printf("nRet = %d\n", nRet);
                            analysis(buf, nRet);
                            usleep(30000);

                        }
                    }
                }
                // usleep(30000);
        }
    return NULL;
}
/* 连接串口函数 */
int io_driver::OpenSerial(const char* port, unsigned int baudrate)
{
```

```
    int ret;
    struct termios m_stNew;
    struct termios m_stOld;

    const char* addr = port;
    const char* addr2 = port;

    m_dFd = open(addr, O_RDWR | O_NOCTTY | O_NDELAY);
    if (-1 == m_dFd)
    {
        //perror("Open Serial Port Error!\n");
        m_dFd = open(addr2, O_RDWR | O_NOCTTY | O_NDELAY);
        if (m_dFd < 0)
            return -1;
    }ALOGI("start init serial\n");
    if ((fcntl(m_dFd, F_SETFL, 0)) < 0)
    {
        perror("Fcntl F_SETFL Error!\n");
        return -1;
    }
    if (tcgetattr(m_dFd, &m_stOld) != 0)
    {
        perror("tcgetattr error!\n");
        return -1;
    }
    m_stNew = m_stOld;
    //将终端设置为原始模式,该模式下所有的输入数据以字节为单位被处理
    cfmakeraw(&m_stNew);
    //set speed
    cfsetispeed(&m_stNew, baudrate);            //115200
    cfsetospeed(&m_stNew, baudrate);

    //set databits
    m_stNew.c_cflag |= (CLOCAL | CREAD);
    m_stNew.c_cflag &= ~CSIZE;
    m_stNew.c_cflag |= CS8;

    //set parity
    m_stNew.c_cflag &= ~PARENB;
    m_stNew.c_iflag &= ~INPCK;
```

```cpp
        //set stopbits
        m_stNew.c_cflag &= ~CSTOPB;
        m_stNew.c_cc[VTIME] = 0;       //指定所要读取字符的最小数量
        //指定读取第一个字符的等待时间,时间的单位为 n×100ms
        m_stNew.c_cc[VMIN] = 1;
        //如果设置 VTIME=0,则无字符输入时 read()操作无限期的阻塞
        tcflush(m_dFd, TCIFLUSH);      //清空终端未完成的输入/输出请求及数据
        if (tcsetattr(m_dFd, TCSANOW, &m_stNew) != 0)
        {
            perror("tcsetattr Error!\n");
            return -1;
        }
        g_pcurr = initlist();
        if (NULL == g_pcurr)
            return -1;
        if (InitPackageSize())
            return -1;ALOGI("finish init seria!\n");
        return m_dFd;
}
/* 启动雷达 */
int io_driver::StartScan(void)
{
    static int scanflags = 0;
    int wRet;
    char wificmd0[] =
    { 0xa5, 0x3A, 0xe1, 0xaa, 0xbb, 0xcc, 0xdd };
    char wificmd1[] =
    { 0xa5, 0x2C, 0xe1, 0xaa, 0xbb, 0xcc, 0xdd };
    char wificmd2[] =
    { 0xa5, 0x20, 0xe1, 0xaa, 0xbb, 0xcc, 0xdd };
    char wificmd3[] =
    { 0xa5, 0x50, 0xe1, 0xaa, 0xbb, 0xcc, 0xdd };

    g_start_scan = START_SCAN;
    ALOGI("--------start scan----------\n");
//  if (scanflags == 0)
//  {
    wRet = write(m_dFd, wificmd0, 7);
```

```
            if (wRet < 0)
                return wRet;
        usleep(5000000);
        wRet = write(m_dFd, wificmd1, 7);
        if (wRet < 0)
            return wRet;
//  }
        usleep(30000);
        wRet = write(m_dFd, wificmd2, 7);
        if (wRet < 0)
            return wRet;
        usleep(30000);
        wRet = write(m_dFd, wificmd3, 7);
        if (wRet < 0)
            return wRet;
        ALOGI("-------------end------------\n");
        creatPthread = 1;
        if (scanflags == 0)
        {
            scanflags = 1;
            pthread_create(&id, NULL, Uart_creatPthread, NULL);
        }
        return wRet;
    }
    /* 获取雷达数据 */
    int io_driver::GetScanData(double *angle, double *distance, int len, double *speed)
    {
        int min = 0;
        int i;
        unsigned char buffer[PACKSIZE];
        pthread_mutex_lock(&g_tMutex);
        pthread_cond_wait(&g_tConVar, &g_tMutex);
        min = len > PACKLEN ? PACKLEN : len;
        for (i = 0; i < min; i++)
        {
            angle[i] = g_angle[i];
            distance[i] = g_distance[i];
        }
```

第 8 章 雷达

```cpp
        *speed = g_speed;
        pthread_mutex_unlock(&g_tMutex);
        return min;
    }
    /* 重启雷达 */
    int io_driver::Reset(void)
    {
        char buf[] =
        { 0xa5, 0x40, 0xe1, 0xaa, 0xbb, 0xcc, 0xdd };

        return write(m_dFd, buf, 7);
    }
    /* 停止雷达 */
    int io_driver::StopScan(Command cmd)
    {
        //unsigned char buf[] = {LSLIDAR_CMD_BYTE, LSLIDAR_CMD_STOPSCAN, LSLIDAR_CMD_STOPSCAN_END};
        char stop_scan[] =
        { 0xa5, 0x21, 0xe1, 0xaa, 0xbb, 0xcc, 0xdd };
        char stop_motor[] =
        { 0xa5, 0x25, 0xe1, 0xaa, 0xbb, 0xcc, 0xdd };
        g_start_scan = STOP_SCAN;
        if (STOP_DATA == cmd)
        {
            usleep(50000);
            write(m_dFd, stop_scan, 7);
        }
        if (STOP_MOTOR == cmd)
        {
            usleep(50000);
            write(m_dFd, stop_motor, 7);
        }
        return 0;
    }
    /* 关闭雷达串口 */
    void io_driver::CloseSerial(void)
    {
        struct basedata *tmp;
        creatPthread = 0;
```

```
            g_start_scan = NO_SCAN;
            //sleep(2);
            pthread_join(id, NULL);
            tmp = g_pcurr;
            free(tmp);
            g_pcurr = g_pcurr->next;
            while (g_pcurr != tmp)
            {
                free(g_pcurr);
                g_pcurr = g_pcurr->next;
            }
            g_pcurr = tmp = NULL;
            close(m_dFd);
        }
```

至此，整个 LS01G 激光雷达的驱动程序就编写完成了，但是现在直接编译是无法正常驱动雷达的。因为雷达的接口是 USB，在 Linux 中，不同外部设备接入系统都会自动与之匹配接口信息，目前编写的程序是在系统能成功辨认雷达接口的情况下运行的，所以接下来还需要对雷达的接口进行配置。

6. 配置雷达接口

前面几步已经完成了代码编写，接下来返回到 ls01g 目录，也就是上一级目录：

```
$ cd ../
```

1）创建 scripts 文件夹

创建 scripts 文件夹，用来放置雷达接口的配置脚本和描述文件：

```
$ mkdir scripts
```

2）编写 create_udev_rules.sh 雷达接口配置脚本

（1）进入 scripts 文件夹：

```
# 进入 scripts 文件夹
$ cd scripts
# 编写 create_udev_rules.sh 雷达接口配置脚本
$ vim create_udev_rules.sh
```

（2）输入以下内容：

```
#!/bin/bash
```

第 8 章 雷达

```
            # 在终端打印 "remap the device serial port(ttyUSBX) to laser"
            echo "remap the device serial port(ttyUSBX) to laser"

            # 在终端打印 "ls01g usb cp210x connection as /dev/laser, check it using
            # the command : ls -l /dev|grep ttyUSB"
            echo "ls01g usb cp210x connection as /dev/laser , check it using the
command : ls -l /dev|grep ttyUSB"
            # 在终端打印 "start copy laser.rules to  /etc/udev/rules.d/"
            echo "start copy laser.rules to  /etc/udev/rules.d/"

            # 先使用"rospack find ls01g"命令找到当前工作空间的 ls01g 功能包路径,再将
            # ls01g 功能包路径加上 "/scripts/laser.rules" 一起打印出来
            echo "`rospack find ls01g`/scripts/laser.rules"

            # 以上都只是在打印配置雷达接口的一些信息,接下来将 ls01g 功能包内的 laser.rules 复制到
            # /etc/udev/rules.d。注意, sudo 权限不能省略,否则无法将 laser.rules 复制到系统
            # 文件中
            sudo cp `rospack find ls01g`/scripts/laser.rules  /etc/udev/rules.d

            # 在终端打印一个空行
            echo " "

            # 在终端打印内容: "Restarting udev"
            echo "Restarting udev"

            # 在终端打印一个空行
            echo ""

            # 重新加载 udev 服务,注意 sudo 权限不能省略
            sudo service udev reload
            # 重新启动 udev 服务,注意 sudo 权限不能省略
            sudo service udev restart
            # 在终端打印内容: "finish"
            echo "finish "
```

3) 编写 laser.rules 雷达接口的描述文件

(1) 上一步编写了雷达接口的配置脚本,但是没有雷达接口的描述文件,其是无法正常运行的,所以这一步需要编写 laser.rules 雷达接口的描述文件:

```
# 编写 laser.rules
$ vim laser.rules
```

（2）输入以下内容：

```
        KERNEL=="ttyUSB*", ATTRS{idVendor}=="10c4", ATTRS{idProduct}=="ea60",
MODE:="0777", SYMLINK+="laser"
```

对以上输入内容的描述如下：
- 设置 ls01g 设备的串口；
- 指定在内核看到的设备名字 KERNEL 是 ttyUSB*；
- 指定识别的串口属性{idVendor}供应商 id 是 10c4；
- 指定识别的串口属性{idProduct}产品 id 是 ea60；
- 为串口添加权限为最高权限 07777，即-rwx rwx rwx，意思是该串口允许它的所有者（owner）、所有组（group），以及其他所有用户（other）可读、可写、可执行。
- 将从内核中的 ttyUSB 列表识别成功的设备串口重新连接成 laser，之后在需要读取雷达串口数据的时候就可以直接读取 laser 这个串口。

至此，整个配置雷达接口的核心文件已经准备好了，但是仅编写配置文件是不标准的，还需要编写一个卸载接口配置的文件，这样在不使用 LS01G 雷达的驱动时运行卸载接口配置文件就可以让系统更干净，不会在以后开发时出现未知的问题。

4）编写 delete_udev_rules.sh 卸载雷达接口配置的文件

编写 delete_udev_rules.sh 卸载雷达接口配置的文件：

```
# 编写 delete_udev_rules.sh
$ vim delete_udev_rules.sh
```

在文件中输入以下内容：

```
#!/bin/bash
# 在终端打印内容："delete remap the device serial port(ttyUSBX) to laser"
echo "delete remap the device serial port(ttyUSBX) to laser"

# 在终端打印内容："sudo rm   /etc/udev/rules.d/laser.rules"
echo "sudo rm   /etc/udev/rules.d/laser.rules"

# 删除/etc/udev/rules.d/目录中的 laser.rules 文件。注意，sudo 权限不能省略
sudo rm   /etc/udev/rules.d/laser.rules
# 在终端打印一个空行
echo " "
```

```
# 在终端打印内容："Restarting udev"
echo "Restarting udev"

# 在终端打印一个空行
echo ""
# 重新加载 udev 服务，注意 sudo 权限不能省略
sudo service udev reload
# 重新启动 udev 服务，注意 sudo 权限不能省略
sudo service udev restart
# 在终端打印内容："finish delete"
echo "finish delete"
```

5）运行雷达接口配置脚本

（1）注意，雷达的描述文件和配置都需要添加权限，否则系统的保护机制是禁止进行脚本内的操作的，所以首先需要为 scripts 文件夹内的文件添加权限：

```
$ sudo chmod 777 -R *
```

（2）运行以上命令后，在终端 scripts 文件夹内的所有文件都变成了绿色，这就说明添加权限成功，接下来就可以运行配置雷达接口的脚本文件：

```
$ bash create_udev_rules.sh
```

运行完雷达接口配置脚本后，检查是否配置成功，重新打开一个终端运行：

```
$ ls /dev/laser
```

如果报错"ls: cannot access '/dev/laser': No such file or directory"，可能是因为：
① 雷达没有接 USB 接口，需要检查接口。
② 雷达的 USB 接口位置错误，需要检查接口。
③ 雷达的 USB 接口损坏，需要检查接口。
（3）重新启动系统，再次使用命令查看 laser 串口是否绑定成功。

7. 编写 ls01g.launch 雷达驱动启动文件

现在 LS01G 激光雷达的驱动代码和接口配置脚本，以及接口描述都已经编写完成了，接下来再次回到 ls01g 目录，也就是上一级目录，创建一个 launch 文件夹并编写 ls01g.launch，方便以后一键配置雷达参数、一键启动 ls01g 驱动节点程序：

```
# 返回上一级目录
$ cd ../
```

```
# 编写 ls01g.launch 文件
$ vim ls01g.launch
```

输入以下内容：

```xml
<?xml version="1.0"?>
<launch>
# 设置参数 inverted 的初始值为 false，与之后设置 laser 雷达的安装方向有关
<arg name="inverted" default="false" />
# 设置节点名为"ls01g"，功能包位于 ls01g，可执行节点程序名为"ls01g"
<node name="ls01g" pkg="ls01g" type="ls01g" output="screen">
        # 设置激光数据 topic 名称
        <param name="scan_topic" value="scan"/>
        # 激光坐标
        <param name="laser_link" value="base_laser_link"/>
        # 雷达连接的串口
        <param name="serial_port" value="/dev/laser"/>
        # 参数 zero_as_max 的 value 值设置为 true，表示探测不到的区域会变成最大值，通常设置为 false
        <param name="zero_as_max" value="false"/>

        # 参数 min_as_zero 的 value 值设置为 true，表示探测不到区域显示为 0，设置为 false 表示探测不到区域为 inf
        <param name="min_as_zero" value="false"/>
        # 角度制，从 angle_disable_min 到 angle_disable_max 之间的值为 0
        <param name="angle_disable_min" value="-1"/>
        <param name="angle_disable_max" value="-1"/>
        # 如果 0°方向在串口线的方向上，则将 inverted 的值设置为 true
        <param name="inverted" value="$(arg inverted)"/>
</node>
</launch>
```

8. 编译 ls01g 驱动程序

以上步骤都做完后就可以开始编译了，进入 ROS 工作空间，在终端输入以下命令，运行 catkin_make 命令进行编译：

```
# 进入 catkin_ws 工作空间
$ cd ~/catkin_ws
# 开始编译
$ catkin_make
```

9. 雷达点云数据可视化

上一部分详细讲解了如何编写并编译雷达的驱动程序，这部分将讲解如何将驱动发布到

ROS Master 的点云数据在 Rviz 工具中实时、可视化地显示出来。

1）运行 ls01g 驱动程序

之前已经编写好 ls01g.launch 文件了，在终端输入以下命令，按回车键直接运行该文件，启动 ls01g 驱动程序：

```
$ roslaunch ls01g ls01g.launch
```

运行结果如图 8.17 所示。

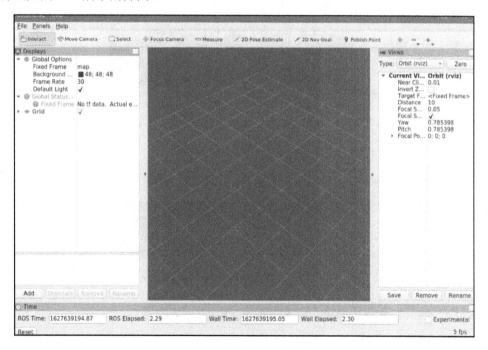

图 8.17 运行结果

2）运行 Rviz

在终端输入以下命令，按回车键，运行 Rviz（已经运行 ls01g 驱动程序的情况下）：

```
$ rosrun rviz rviz
```

弹出如图 8.18 所示的界面。

图 8.18 Rviz 数据可视化界面

3）配置 Rviz 可视化雷达点云数据

（1）双击 Rviz 数据可视化界面中的"Fixed Frame"，如图 8.19 所示。

图 8.19　双击"Fixed Frame"

（2）将"map"改为"base_link"，如图 8.20 所示。

图 8.20　将"map"改为"base_link"

（3）单击"Add"按钮，如图 8.21 所示。

图 8.21　单击"Add"按钮

（4）在弹出的"rviz"对话框中单击"By topic"标签，如图 8.22 所示。

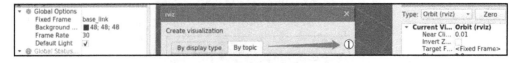

图 8.22　单击"By topic"标签

在"By topic"标签页中双击"LaserScan"，如图 8.23 所示。

第 8 章 雷达

图 8.23 双击 "LaserScan"

在 "By topic" 标签页中最后单击 "OK" 按钮（见图 8.24），完成配置。

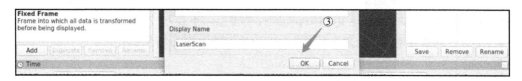

图 8.24 单击 "OK" 按钮

如图 8.25 所示，在 Rviz 数据可视化界面的栅格上可以看到几条彩色的动态线条，这就是将雷达点云数据可视化的样子。

图 8.25 Rviz 数据可视化界面

至此，在 Rviz 上将雷达的点云数据可视化就完成了。可以单击 "File" 保存本次配置，之后打开 Rviz 的时候就可以直接看到雷达可视化的点云数据了。

8.4 激光雷达 ROS 通信数据分析

LS01G 激光雷达的驱动程序已经启动，虽然可以用 Rviz 工具可视化数据，但是雷达的点云数据到底是什么样呢？本节将主要从雷达的 ls01g 驱动程序发布的/scan 话题中分析雷达的点云数据。

在已经启动 ls01g 驱动程序的前提下看看当前 ROS Master 中都存在什么话题。

在终端输入以下命令：

```
$ rostopic list
```

按回车键，终端输出如下内容：

```
ubuntu@ubuntu:~$ rostopic list
/rosout
/rosout_agg
/scan
/starOrStop
```

对终端输出内容的描述如下：
- /rosout 和 /rosout_agg 是 ROS Topic 的标准输出，不必关注；
- /scan 话题就是本节的主角，该话题发布了雷达驱动的各种数据；
- /startOrStop 话题是用来启动和关闭雷达电机的。

运行以下命令，查看/scan 话题数据（见图 8.26）：

```
$ rostopic echo /scan
```

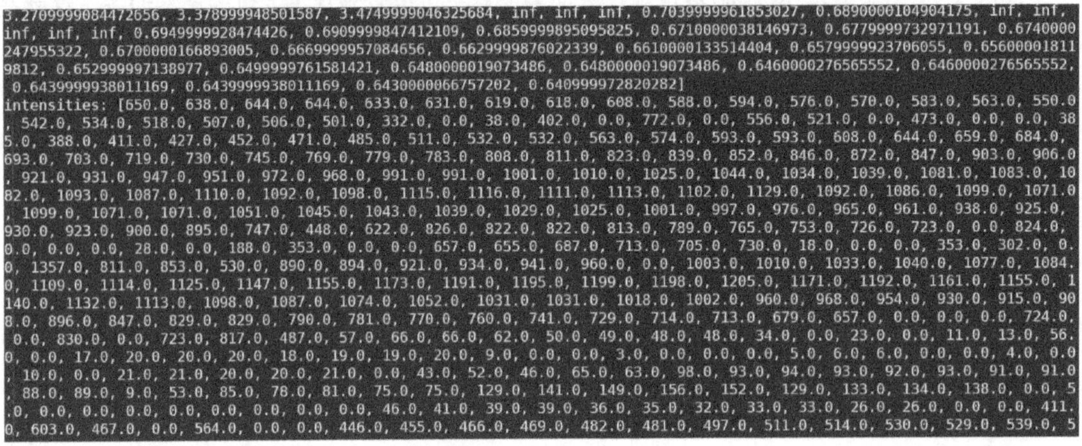

图 8.26 /scan 话题数据

图 8.26 仅仅是/scan 话题发布的部分数据，如果想了解雷达节点驱动程序到底向 ROS Master 发布了哪些数据，可以到 sensor_msgs 功能包的 LaserScan.msg 文件中查看：

```
# 使用 roscd 命令进入 sensor_msgs 功能包下的 msg 目录
$ roscd sensor_msgs/msg
# 使用 cat 命令查看 LaserScan.msg 文件
$ cat LaserScan.msg
```

LaserScan.msg 文件里定义了 laser 雷达的消息结构，如表 8.2 所示。

表 8.2 laser 雷达的消息结构

数据名称	解释
std_msgs/Header header	Header 也是一个结构体，包含了 seq、stamp、frame_id
uint32 seq	seq 指的是扫描顺序增加的 id
time stamp	stamp 包含了开始扫描的时间和与开始扫描的时间差
string frame_id	frame_id 是扫描的参考系名称，注意扫描是逆时针从正前方开始扫描的，frame 在 ROS 中的作用至关重要，消息将和 tf 绑定才可以读取数据，在这里作为通用可配置，暂定内容为 laser，用户可自定义设置
float32 angle_min	开始扫描的角度（rad）
float32 angle_max	结束扫描的角度（rad）
float32 angle_increment	每一次扫描增加的角度（rad）
float32 time_increment	测量的时间间隔（s）
float32 scan_time	扫描的时间间隔（s）
float32 range_min	距离最小值（m）
float32 range_max	距离最大值（m）
float32[] ranges	距离数组（m）（长度 360）
float32[] intensities	与设备有关，强度数组（长度 360）

第 9 章

基于 ROS 的卡尔曼滤波

9.1 robot_pose_ekf 简介

robot_pose_ekf 包使用来自不同源的位姿测量信息来评估机器人的 3D 位姿。例如，使用带有 6D（3D position and 3D orientation）模型信息的扩展卡尔曼滤波器（Extended Kalman Filter，EKF），通过松耦合方式融合不同传感器信息（轮子里程计、IMU 传感器和视觉里程计），实现位姿估计。

9.2 如何使用扩展卡尔曼滤波器

9.2.1 配置

EKF node 默认的启动文件位于 robot_pose_ekf 包中，文件中有许多配置参数。
- freq：滤波器更新和发布的频率。注意，频率高仅仅意味着一段时间可以获得更多机器人的位姿信息，但并不表示可以提高每次位姿评估的精度。
- sensor_timeout：当某传感器停止给滤波器发送信息时，滤波器应该等多长时间方才可以在没有该传感器信息的状况下继续工作。

- odom_used, imu_used, vo_used：enable/disable 输入源。

启动文件中配置参数的设置可以被修改，大致如下所示：

```
<launch>
  <node pkg="robot_pose_ekf" type="robot_pose_ekf" name="robot_pose_ekf">
    <param name="output_frame" value="odom"/>
    <param name="freq" value="30.0"/>
    <param name="sensor_timeout" value="1.0"/>
    <param name="odom_used" value="true"/>
    <param name="imu_used" value="true"/>
    <param name="vo_used" value="true"/>
    <param name="debug" value="false"/>
    <param name="self_diagnose" value="false"/>
  </node>
</launch>
```

9.2.2 编译并运行包

1）编译

编译 robot_pose_ekf 包：

```
$ rosdep install robot_pose_ekf
$ roscd robot_pose_ekf
$ rosmake
```

2）运行

运行 robot_pose_ekf 包：

```
$ roslaunch robot_pose_ekf.launch
```

9.3 节点解析

1. robot_pose_ekf

为确定机器人位姿，robot_pose_ekf 包实现了扩展卡尔曼滤波器。

2. 接收话题

1）odom（nav_msgs/Odometry）话题

2D pose（used by wheel Odometryg）：包含了机器人在地面的位置（position）和方位（orientation）信息，以及该位姿的协方差（covariance）。用来发送该 2D 位姿的消息。

2）imu_data（sensor_msgs/Imu）话题

3D orientation（used by the IMU）：提供机器人底座相对于世界坐标系的 Roll、Pitch 和 Yaw 偏角。Roll 和 Pitch 角是绝对角度（因为 IMU 使用了重力参考），而 YAW 角是相对角度。协方差矩阵用来指定方位测量的不确定度。当仅收到这个话题消息时，机器人位姿 EKF 还不会启动，因为它还需要来自主题 vo 或者 odom 的消息。

3）vo（nav_msgs/Odometry）话题

3D pose（used by Visual Odometry）：可以完整表示机器人的位置和方位，并给出位姿协方差。当用传感器只测量部分 3D 位姿时，可以先简单给还未真正开始测量的部分 3D 位姿指定一个大的协方差。

EKF node 并不需要 3 个传感器源一直同时可用。每个源都能提供位姿和协方差，且这些源以不同速率和延时工作。随着时间推移，某个源可能出现和消失，该 node 可以自动探测当前可用的源。如果要把自己想使用的传感器加入输入源中，请参考指南"the Adding a GPS sensor tutorial"。

3. 发布话题

发布话题如下所示：

```
robot_pose_ekf/odom_combined ( geometry_msgs/PoseWithCovarianceStamped)
```

由滤波器输出（估计的 3D 机器人的位姿）。

4. tf 坐标的转换方式

tf 坐标的转换方式如下所示：

```
odom_combined → base_footprint
```

9.4 扩展卡尔曼滤波器如何工作

1. 位姿

给 EKF node 提供信息的所有传感器源都有自己的参考坐标系，并且随着时间推移都可能出现漂移现象。因此，不能直接对比每个传感器发出来的绝对位姿。所以该 EKF node 使用每个传感器的相对位姿差异来更新扩展卡尔曼滤波器。

2. 协方差

当机器人在四周移动时，随着时间推移，位姿的不确定性会变得越来越大，协方差也会无边界增长。这样一来，发布位姿自身的绝对协方差没有意义，所以传感器源会发布一段时间协方差的变化（如速度协方差）。

3. 时间

假定机器人上次更新位姿滤波器在 t_0 时刻，该 EKF node 只有在收到每个传感器测量值（时间戳>t_0）之后才会进行下一次的滤波器更新。例如，在 odom 主题收到一条消息（其时间戳 t_1>t_0）且在 imu_data topic 上也收到一条消息（其时间戳 t_2>t_1>t_0），滤波器将被更新到所有传感器信息可用的最新时刻，这个时刻是 t_1。在 t_1 时刻 odom 位姿直接给出了，但是 imu 位姿需要通过在 t_0 和 t_2 两时刻之间进行线性插值求得。在 t_0 到 t_1 时间段，机器人位姿滤波器使用 odom 和 imu 的相对位姿进行更新。

如图 9.1 所示是 PR2 机器人的实验结果，完美的 Odometry x-y 曲线图应该是一个精确的闭环曲线图。

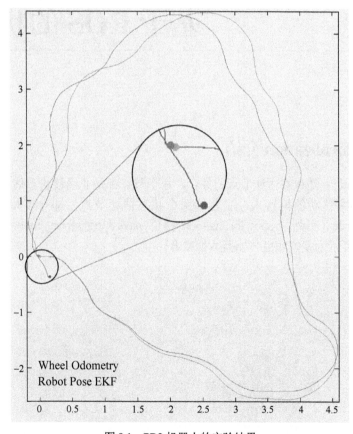

图9.1　PR2 机器人的实验结果

第 10 章 基于 ROS 的状态估计

10.1 robot_localization 介绍

robot_localization 是状态估计节点的集合,每个节点都是非线性状态估计器的一种实现,用于在 3D 空间中移动的机器人。它包括两个状态估计节点,即 ekf_localization_node 和 ukf_localization_node。另外,robot_localization 提供 navsat_transform_node,有助于集成 GPS 数据。如图 10.1 所示为线控底盘传感器数据融合。

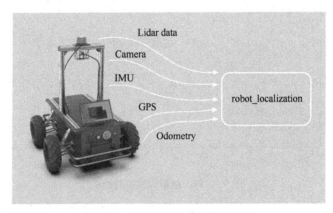

图 10.1 线控底盘传感器数据融合

10.2 robot_localization 特征

robot_localization 中的所有状态估计节点都具有共同的特征：

（1）融合任意数量的传感器。节点不限制传感器的数量。例如，如果机器人具有多个 IMU 或里程计信息，则 robot_localization 中的状态估计节点可以支持所有传感器。

（2）支持多种 ROS 消息类型。robot_localization 中的所有状态估计节点都可以接收 nav_msgs/Odometry、sensor_msgs/Imu、geometry_msgs/Pose With Covariance Stamped 或 geometry_msgs/Twist With Covariance Stamped 消息。

（3）自定义每个传感器的输入。如果给定的传感器消息包含了不希望包含在状态估计中的数据，则 robot_localization 中的状态估计节点允许排除该数据。

（4）连续估计。robot_localization 中的每个状态估计节点在收到一次测量结果后便开始估算车辆的状态。如果传感器数据中有间歇（很长一段时间没有收到任何数据），则滤波器将继续通过内部运动模型来估算机器人的状态。

（5）所有状态估计节点都跟踪车辆的 15 维状态，即 X、Y、Z、roll、pitch、yaw、$\dot{X}$、$\dot{Y}$、$\dot{Z}$、roll˙、pitch˙、pitch˙、$\ddot{X}$、$\ddot{Y}$、$\ddot{Z}$。

10.3 robot_localization 状态估计节点

10.3.1 ekf_localization_node

ekf_localization_node 是扩展卡尔曼滤波器的实现，它使用全向运动模型来及时预测状态，并使用感知到的传感器数据校正预测的估计值。

10.3.2 ukf_localization_node

ukf_localization_node 是无迹卡尔曼过滤器的实现，它使用一组精心选择的 sigma 点，以通过 EKF 中使用的相同运动模型来投影状态，然后使用这些投影的 sigma 点来恢复状态估计和协方差。这消除了雅可比矩阵的使用，并使滤波器更稳定。但是，与 ekf_localization_node 相比，它在计算上也更加繁重。

10.3.3 参数

ekf_localization_node 和 ukf_localization_node 共享它们的绝大多数参数，因为大多数参数

控制在与核心滤波器融合之前如何处理数据。

1. ekf_localization_node 和 ukf_localization_node 共有的参数

1）标准参数

（1）~frequency：滤波器产生状态估计值的真实频率（单位为 Hz）。

注意：滤波器只有从输入之一接收到至少一条消息后才会开始计算。

（2）~sensor_timeout：滤波器产生状态估计值的真实频率（单位为 Hz）。

注意：滤波器只有从输入之一接收到至少一条消息后才会开始计算。

（3）~two_d_mode：如果机器人在平面环境中运行，并且可以忽略地面的细微变化（如 IMU 所报告），则将其设置为 true。它将所有 3D 变量（Z、侧倾、俯仰，以及它们各自的速度和加速度）融合成值 0。这样可以确保这些值的协方差不会爆炸，同时确保机器人的状态估算值仍固定在 X-Y 平面上。

（4）~[frame]：具体参数为~map_frame、~odom_frame、~base_link_frame、~base_link_output_frame、~world_frame。这些参数定义了 robot_localization 的操作"模式"。REP-105 指定 3 个主要坐标系，即 map、odom 和 base_link。base_link 是固定在机器人上的坐标系。机器人在 odom 坐标系中的位置会随着时间而漂移，但在短期内是准确的，应该是连续的。map 坐标系与 odom 坐标系一样，是固定的世界坐标系，虽然它包含机器人全局最准确的位置估计值，但由于 GPS 数据的融合，它会受到离散跳跃的影响。

使用这些参数的方法如下。

① 将 map_frame、odom_frame 和 base_link_frame 参数设置为适当的系统坐标系名称。

注意：如果系统没有 map_frame，则将其删除，并确保 world_frame 设置为 odom_frame 的值；如果正在运行多个 EKF 实例，并且想"覆盖"输出转换和消息，以使其 child_frame_id 具有此坐标系，则可以进行设置。base_link_output_frame 是可选的，默认为 base_link_frame。当运行多个 EKF 实例时，这有助于启用断开连接的 TF 树。

② 如果仅融合连续位置数据（如车轮编码器里程计、视觉里程计或 IMU 数据），则将 world_frame 设置为 odom_frame 的值。这是 robot_localization 中状态估计节点的默认行为，也是最常见的用法。

③ 如果要融合受离散跳跃影响的全局绝对位置数据（如 GPS 或来自地标观测的位置更新），则：

- 将 world_frame 设置为 map_frame 的值；
- 确保其他东西正在生成 odom-> base_link 的转换。这甚至可以是 robot_localization 状态估计节点的另一个实例。但是，该实例不应融合全局数据。

map_frame、odom_frame 和 base_link_frame 的默认值分别是 map、odom 和 base_link；

base_link_output_frame 参数默认为 base_link_frame 的值；world_frame 参数默认为 odom_frame 的值。

（5）~transform_time_offset：robot_localization 包使用 tf2 的 lookupTransform 方法请求转换。此参数指定如果转换尚不可用时等待多长时间。如果未设置，则默认为 0，表示只是获取了最新可用的转换方法，因此不会阻塞滤波器。指定非零的 transform_timeout 会影响滤波器的时序，因为它会等待最大的 transform_timeout 时间以使转换可用，这直接意味着大多数指定的输出速率都无法满足，因为滤波器在更新时必须等待转换。

（6）~[sensor]：对于每个传感器，用户需要根据消息类型定义此参数。例如，如果定义一个 Imu 消息源和两个 Odometry 消息源，则配置如下所示。

```
<param name="imu0" value="robot/imu/data"/>
<param name="odom0" value="wheel_encoder/odometry"/>
<param name="odom1" value="visual_odometry/odometry"/>
```

每个参数名称的索引都是从 0 开始的（如 odom0、odom1 等），并且必须按顺序定义（例如，如果尚未定义 pose1，则不要使用 pose0 和 pose2）。每个参数的值是该传感器的话题名称。

（7）~[sensor]_config：具体参数为 ~odomN_config、~twistN_config、~imuN_config、~poseN_config。

对于上面定义的每个传感器消息，用户必须指定应将这些消息的哪些变量融合到最终状态估计中。里程计配置示例如下所示：

```
<rosparam param="odom0_config">[true,  true,  false,
                                false, false, true,
                                true,  false, false,
                                false, false, true,
                                false, false, false]</rosparam>
```

布尔值的顺序如下：

X	Y	Z
roll	pitch	yaw
$\dot{X}$	$\dot{Y}$	$\dot{Z}$
$\dot{roll}$	$\dot{pitch}$	$\dot{yaw}$
$\ddot{X}$	$\ddot{Y}$	$\ddot{Z}$

在此示例中，将位置 X、Y、yaw、$\dot{X}$ 和 $\dot{yaw}$ 融合在一起。注意：该规范是在传感器的 frame_id 中完成的，而不是在 world_frame 或 base_link_frame 中完成的。

（8）~[sensor]_queue_size：具体参数为~odomN_queue_size、~twistN_queue_size、~imuN_queue_size、~poseN_queue_size。用户可以使用这些参数来调整每个传感器回调队列的大小。如果频率参数值远低于传感器的频率，这很有用，因为它允许滤波器合并更新周期之间到达的所有测量值。

（9）~[sensor]_differential：具体参数为~odomN_differential、~imuN_differential、~poseN_differential。

对于上面定义的每个包含位姿信息的传感器消息，用户可以指定是否应差分集成位姿变量。如果给定值设置为 true，则对于从相关传感器在时刻 t 进行的测量，首先将减去在时刻 t-1 处的测量值，然后将所得值转换为速度。如果机器人有两个绝对位姿信息源，如来自里程计和 IMU 的偏航测量，则此设置特别有用。在这种情况下，如果未正确配置输入源上的方差，则这些测量值可能会彼此不同步，并在滤波器中引起振荡，但是通过对其中一个或两个进行差分集成，这样就能避免这种情况发生。

用户将此参数用于方向数据时应格外小心，因为转换为速度意味着方向状态变量的协方差将无限增长（除非融合了另一个绝对方向数据源）。如果只是想让所有位姿变量都从 0 开始，那么请使用_relative 参数。

注意：如果要通过 navsat_transform_node 或 utm_transform_node 融合 GPS 信息，则应确保_differential 设置为 false。

（10）~[sensor]_relative：具体参数为~odomN_relative、~imuN_relative、~poseN_relative。

如果将此参数设置为 true，则来自该传感器的任何测量值都将与从该传感器接收到的第一个测量值进行融合，这在以下情况下很有用：如果希望状态估计值始终从（0,0,0）开始，并且侧倾、俯仰和偏航角值为（0,0,0）。它与_differential 参数相似，但始终在时刻 0 时删除测量，而不是在时刻 t-1 时删除测量，并且不将测量转换为速度。

（11）~imuN_remove_gravitational_acceleration：如果从 IMU 融合加速度计数据，则此参数确定在融合之前是否从重力测量中去除了由于重力引起的加速度。

注意：假定提供加速度数据的 IMU 也在产生绝对方向，需要方向数据才能正确消除重力加速度。

（12）~gravitational_acceleration：如果 imuN_remove_gravitational_acceleration 设置为 true，则此参数确定由于重力引起的 Z 方向的加速度，该加速度将从 IMU 的线性加速度数据中删除。默认值为 9.80665（m/s^2）。

（13）~initial_state：以指定状态启动过滤器。以与传感器配置相同的顺序，将状态指定为双精度的 15 维向量。例如，要在位置为（5.0,4.0,3.0）、偏航角为 1.57 和线速度为（0.1,0.2,0.3）的状态下启动机器人，则可以使用如下设置。

```
<rosparam param="initial_state">[5.0, 4.0, 3.0,
                                 0.0, 0.0, 1.57,
                                 0.1, 0.2, 0.3,
                                 0.0, 0.0, 0.0,
                                 0.0, 0.0, 0.0]</rosparam>
```

（14）~publish_tf：如果为 true，则状态估计节点将发布从 world_frame 参数指定的坐标系到 base_link_frame 参数指定的坐标系的转换。默认为 true。

（15）~publish_acceleration：如果为 true，则状态估计节点将发布线性加速状态。默认为 false。

（16）~print_diagnostics：如果为 true，则状态估计节点将向/diagnostics 主题发布诊断消息。这对于调试配置和传感器数据很有用。

2）高级参数

（1）~use_control：如果为 true，则状态估计节点将在主题 cmd_vel 中监听 geometry_msgs/Twist 消息，并使用该消息生成加速度，该加速度将用于机器人的状态预测。在给定状态变量的收敛滞后即使很小的情况下，也会在应用程序中引起问题（例如，旋转期间雷达移位）的情况下，这尤其有用。默认为 false。

（2）~stamped_control：如果为 true，并且 use_control 也为 true，则查找 geometry_msgs/TwistStamped 消息，而不是 geometry_msgs/Twist 消息。

（3）~control_timeout：如果 use_control 设置为 true，并且在此时间内没有收到任何控制命令（以秒为单位），则基于控制的加速项将不再适用。

（4）~control_config：控制 cmd_vel 消息中的哪些变量用于状态预测，值的顺序为 $X\rightarrow Y\rightarrow Z\rightarrow roll\rightarrow pitch\rightarrow yaw$。

仅在 use_control 设置为 true 时使用，即

```
<rosparam param="control_config">[true, false, false,
                                  false, false, true]</rosparam>
```

（5）~acceleration_limits：机器人在每个维度上的加速度，匹配 control_config 中的参数顺序。仅在 use_control 设置为 true 时使用，即

```
<rosparam param="acceleration_limits">[1.3, 0.0, 0.0,
                                       0.0, 0.0, 3.2]</rosparam>
```

（6）~deceleration_limits：机器人在每个纬度上的减速度，匹配 control_config 中的参数顺序。仅在 use_control 设置为 true 时使用。

（7）~acceleration_gains：如果机器人无法立即达到其加速度极限，则可以通过这些增益

来控制允许的变化。仅在 use_control 设置为 true 时使用，即

```
<rosparam param="acceleration_gains">[0.8, 0.0, 0.0,
                                      0.0, 0.0, 0.9]</rosparam>
```

（8）~deceleration_gains：如果机器人无法立即达到其减速极限，则可以通过这些增益来控制允许的变化。仅在 use_control 设置为 true 时使用。

（9）~smooth_lagged_data：如果所有传感器产生的时间戳数据都比最新的滤波器更新早（更明确地说，如果有滞后的传感器数据源），则将此参数设置为 true，将在接收到滞后的数据后启用滤波器恢复到滞后测量之前的最后状态，然后处理所有测量直到当前时间。

（10）~history_length：如果 smooth_lagged_data 设置为 true，则此参数指定滤波器将保留其状态和测量历史记录的秒数。该值应至少等于滞后的测量值与当前时间之间的时间增量。

（11）~[sensor]_nodelay：具体参数为~odomN_nodelay、~twistN_nodelay、~imuN_nodelay、~poseN_nodelay。如果为 true，则设置 tcpNoDelay 传输提示。

（12）~[sensor]_threshold：具体参数为~odomN_pose_rejection_threshold、odomN_twist_rejection_threshold、poseN_rejection_threshold、twistN_rejection_threshold、imuN_pose_rejection_threshold、imuN_angular_velocity_rejection_threshold、imuN_linear_acceleration_rejection_threshold。

如果数据存在异常值，请使用这些阈值设置（表示为马氏距离）来控制允许传感器测量值距当前车辆状态的距离。如果未指定，则每个默认值均为 numeric_limits<double>::max()。

（13）~debug：布尔标志，指定是否在调试模式下运行。将其设置为 true，将生成大量数据，数据将写入 debug_out_file 参数的值。默认为 false。

（14）~debug_out_file：如果 debug 为 true，则将调试输出写入的文件。

（15）~process_noise_covariance：过程噪声协方差（通常表示为 Q），用于对滤波算法预测阶段的不确定性建模。调整可能很困难，并且已作为参数公开，以方便自定义。可以单独保留此参数，但是通过调整它可以取得更好的结果。通常，相对于输入消息中给定变量的方差，过程噪声协方差越大，滤波器将收敛到测量值的速度就越快。

（16）~dynamic_process_noise_covariance：如果为 true，将根据机器人的速度动态缩放 process_noise_covariance。例如，如果希望机器人在静止状态下的估计协方差停止增长时，这很有用。默认为 false。

（17）~initial_estimate_covariance：估计协方差（通常表示为 P）定义了当前状态估计中的误差。该参数允许用户设置矩阵的初始值，这将影响滤波器收敛的速度。例如，如果用户将位置[0,0]处的值设置为非常小的值，如 1e-12，然后尝试将 X 位置处的测量值与 X 位置处的高方差值融合在一起，则滤波器将非常缓慢，无法"信任"这些测量，并且收敛所需的时间将增加。同样，用户应注意此参数，当仅融合速度数据时（例如，没有绝对姿态信息），用户可能

不希望将绝对姿态变量的初始协方差值设置为比较大的数据。这是因为那些误差将无限制增长（由于缺乏绝对姿态测量来减小误差），并且以大的值开始将不会使状态估计受益。

（18）~reset_on_time_jump：如果设置为 true 且 ros::Time::isSimTime() 为 true，则在检测到某个话题的时间跳回时，将重置过滤器为未初始化状态。这在处理 bag 数据时很有用，因为可以在不重新启动节点的情况下重新启动 bag。

（19）~predict_to_current_time：如果设置为 true，则滤波器可以预测和校正直到最近一次测量的时间（默认情况下），但现在还将预测到当前时间步长。

（20）~disabled_at_startup：如果设置为 true，则不会在启动时运行滤波器。

3）特定于节点的参数

标准参数和高级参数对于 robot_localization 中的所有状态估计节点都是通用的。本部分将详细介绍各状态估计节点所特有的参数。

- ~alpha：控制 sigma 点的传播。除非对无迹的 Kalman 滤波器非常熟悉，否则最好将此设置保留为默认值 0.001。
- ~kappa：控制 sigma 点的传播。除非对无迹的 Kalman 滤波器非常熟悉，否则最好将此设置保留为默认值。
- ~beta：与状态向量的分布有关。默认值为 2，表示分布是高斯分布。像其他参数一样，除非对无迹的 Kalman 滤波器非常熟悉，否则该参数应保持不变。

2. 发布的话题

- odometry/filtered (nav_msgs/Odometry)
- accel/filtered (geometry_msgs/AccelWithCovarianceStamped) （如果启用）

3. 发布的变换

如果用户的 world_frame 参数设置为 odom_frame 的值，则将转换从 odom_frame 参数给出的坐标系发布到 base_link_frame 参数给出的坐标系。如果用户的 world_frame 参数设置为 map_frame 的值，则将转换从 map_frame 参数给出的坐标系发布到 odom_frame 参数给出的坐标系。

注意：此模式假定另一个节点正在广播从 odom_frame 参数给定的坐标系到 base_link_frame 参数给定的坐标系的转换。这可以是 robot_localization 状态估计节点的另一个实例。

4. 服务

通过向 set_pose 主题发出 geometry_msgs/PoseWithCovarianceStamped 消息，用户可以手动设置过滤器的状态。这对于在测试期间重置过滤器很有用，并允许与 Rviz 进行交互。可选的状态估计节点通告类型为 robot_localization/SetPose 的 SetPose 服务。

10.4 准备数据

在使用 robot_localization 中的状态估计节点之前，用户必须确保其传感器的数据格式正确，这一点很重要。每种类型的传感器数据都有各种注意事项，建议用户在尝试使用 robot_localization 之前完整阅读本教程。

10.4.1 RO 数据标准

要考虑的两个最重要的 ROS REP 是：
（1）REP-103（标准计量单位和坐标约定）；
（2）REP-105（坐标系约定）。

如果不熟悉 ROS 或状态估计，需要仔细阅读这两个 REP。使用 robot_localization 需要尽可能遵守这些标准，否则会出现很多意想不到的问题。

此外，这两个 REP 也能查看每个支持的 ROS 消息类型的规范：
- nav_msgs/Odometry；
- geometry_msgs/PoseWithCovarianceStamped；
- geometry_msgs/TwistWithCovarianceStamped；
- sensor_msgs/Imu。

10.4.2 坐标系和转换传感器数据

REP-105 指定了 4 个主要坐标系，即 base_link、odom、map 和 earth。其中，base_link 坐标系牢固地固定在机器人上；map 和 odom 是固定的世界坐标系，其原点通常与机器人的起始位置对齐；earth 坐标系用于为多个 map 坐标系（例如，分布在较大区域的机器人）提供公共参考坐标系，earth 坐标系与本教程无关。

robot_localization 的状态估计节点会生成状态估计，其状态在 map 或 odom 坐标系中给出，其速度在 base_link 坐标系中给出。在与状态融合之前，所有传入的数据都将转换为这些坐标系之一。

每种消息类型中数据的转换如下。

（1）nav_msgs/Odometry：所有位姿数据（位置和方向）都从消息头的 frame_id 转换为 world_frame 参数指定的坐标系（通常为 map 或 odom）。在消息本身中，特别是指 pose 属性中包含的所有内容，所有 twist 数据（线速度和角速度）都将从消息的 child_frame_id 转换为

base_link_frame 参数（通常为 base_link）指定的坐标系。

（2）geometry_msgs/PoseWithCovarianceStamped：以与 Odometry 消息中的 pose 数据相同的方式处理。

（3）geometry_msgs/TwistWithCovarianceStamped：以与 Odometry 消息中的 twist 数据相同的方式处理。

（4）sensor_msgs/Imu：尽管 ROS 社区正在解决 IMU 消息，但目前存在一些歧义。大多数 IMU 在固定的世界坐标系中报告方向数据，该坐标系的 X 和 Z 轴分别由指向磁北和地球中心的向量定义，Y 轴朝东（与磁北向量偏移 90°）。此坐标系通常称为 NED（北，东，下）。但是，REP-103 为室外导航指定了 ENU（东，北，上）坐标系。在撰写本文时，robot_localization 假定所有 IMU 数据都使用 ENU 坐标系，并且不适用于 NED 坐标系数据。将来可能会有所改变，但就目前而言，用户应确保将数据转换为 ENU 框架后，再将其与 robot_localization 中的任何节点一起使用。

IMU 也可以在机器人"中性"位置以外的其他位置定向。例如，用户可以将 IMU 安装在其侧面，或者旋转 IMU 使其面对机器人正面以外的方向。通常通过从 base_link_frame 参数到 IMU 消息的 frame_id 的静态转换来指定此偏移量。robot_localization 中的状态估计节点将自动校正传感器的方向，以使其数据与 base_link_frame 参数指定的坐标系对齐。

10.4.3 处理 tf_prefix

随着从 ROS Indigo 开始向 tf2 的迁移，robot_localization 仍然允许使用 tf_prefix 参数，但是根据 tf2，所有 frame_id 值的前导"/"都将被去除。

10.4.4 每种传感器消息类型的注意事项

1. Odometry

许多机器人平台都配备了提供瞬时平移和旋转速度的车轮编码器。许多人还内部整合了这些速度以生成位置估计。如果要对此数据负责或可以对其进行编辑，需要记住以下几点。

（1）Velocities/Poses：robot_localization 可以整合速度或绝对姿态信息。常用的做法如下所示。

- 如果里程计同时提供位置和线速度，就融合线速度。
- 如果里程计同时提供方向和角速度，就融合方向。

如果有两个方向数据来源，则需要特别注意。如果两个方向都具有精确的协方差矩阵，则可以安全地融合。但是，如果其中一个或两个都未报告其协方差，则应仅融合来自更精确传感器的方向数据。对于另一个传感器，请使用角速度（如果已提供），或继续融合绝对方向数据，但是要为该传感器打开_differential 模式。

（2）frame_id：参见上面有关坐标系和变换的部分。

（3）协方差：协方差与 robot_localization 有关。robot_pose_ekf 尝试在 Odometry 消息中融合所有 pose 变量。已经编写了一些机器人驱动程序来满足其要求，这意味着如果给定的传感器没有产生某个变量（例如，没有报告位置 Z 的机器人），那么使 robot_pose_ekf 忽略它的唯一方法是将其方差膨胀到一个非常大的值（如 1000），以便有效地忽略所讨论的变量。这种做法既不必要，甚至有害于 robot_localization 的性能。例外情况是当有第二个输入源测量有问题的变量，在这种情况下，协方差将起作用。

（4）Signs：遵守 REP-103，需要确保数据符号正确无误。例如，如果已经有一个地面机器人，逆时针旋转它，则其偏航角应增加，并且其偏航速度应为正。如果将其向前推动，则其 X 位置应增加，并且其 X 速度应为正。

（5）Transforms：广播 odom->base_link 转换。当 world_frame 参数设置为配置文件中 odom_frame 参数的值时，robot_localization 的状态估计节点既输出 nav_msgs/Odometry 消息中的位置估计，也输出从其 odom_frame 参数指定的坐标系到其 base_link_frame 参数的转换。但是，某些机器人驱动程序也会将此测距信息与里程计信息一起广播。如果用户希望 robot_localization 负责此转换，则需要禁用其机器人驱动程序对该转换的广播。通常作为参数公开。

2. IMU

（1）遵守规范：与 Odometry 一样，需要确保数据符合 REP-103 和 sensor_msgs/Imu 规范。仔细检查数据符号，并确保 frame_id 值正确。

（2）协方差：遵循 Odometry 的建议，确保协方差有意义。不要使用较大的值来使滤波器忽略给定的变量，将需要忽略的变量的配置设置为 false。

（3）加速度：注意加速度数据。

10.4.5　常见错误

（1）输入数据不符合 REP-103。确保所有值（尤其是方向角度）在正确的方向上增加或减少。

（2）不正确的 frame_id 值。应当在 base_link_frame 参数给定的坐标系中报告速度数据，或者应该在速度数据的 frame_id 和 base_link_frame 之间进行转换。

（3）协方差夸大。在测量中忽略变量的首选方法是通过 odomN_config 参数设置。

（4）缺少协方差。如果已配置给定传感器以将给定变量融合到状态估计节点中，则该值的方差不应为 0。如果正在融合的变量遇到方差值 0，则状态估算节点将为该值添加一个小的 epsilon 值。更好的解决方案是让用户适当设置协方差。

10.5 robot_localization 配置

将传感器数据合并到 robot_localization 任何状态估计节点的位置估计中时，重要的是要提取尽可能多的信息。本书将详细介绍传感器集成的最佳实践。

10.5.1 传感器配置

即使所讨论的消息类型在配置矢量中不包含某些变量（例如，虽然<MsgLink(geometry_msgs/TwistWithCovarianceStamped)缺少任何位姿数据，但是配置矢量仍然具有位姿变量的值），所有传感器的配置矢量格式也相同。未使用的变量将被忽略。

注意：配置矢量在输入消息的 frame_id 中给出。例如，考虑一个速度传感器，该传感器会生成一个 geometry_msgs/TwistWithCovarianceStamped 消息，其 frame_id 为 velocity_sensor_frame。在此示例中，假设存在一个从 velocity_sensor_frame 到机器人的 base_link_frame（如 base_link）的转换，并且该转换会将 velocity_sensor_frame 中的 X 速度转换为 base_link_frame 中的 Z 速度。为了将来自传感器的 X 速度数据包括到滤波器中，配置矢量应将 X 速度值设置为 true，而不是 Z 速度值：

```
<rosparam param="twist0_config">[false, false, false,
                                 false, false, false,
                                 true,  false, false,
                                 false, false, false,
                                 false, false, false]</rosparam>
```

注意：布尔值的顺序如下所示。

X	Y	Z
roll	pitch	yaw
$\dot{X}$	$\dot{Y}$	$\dot{Z}$
roll'	pitch'	yaw'
$\ddot{X}$	$\ddot{Y}$	$\ddot{Z}$

10.5.2 以 2D 运行

配置传感器时，首先要做出的决定是机器人是否在平面环境中运行，以及是否可以忽略 IMU 可能报告的接地平面变化的细微影响。如果是这样，将 two_d_mode 参数设置为 true。这样可以有效地将每次测量中的 3D 位姿变量归零，并强制将其融合到状态估计中。

10.5.3 融合不可测变量

举个例子，假设有一个在平面环境中工作的轮式非完整机器人。机器人有一些车轮编码器，用于估算瞬时 X 速度及绝对姿态信息，此信息在 nav_msgs/Odometry 消息中报告。此外，如果机器人还有一个 IMU，可以测量转速、车辆姿态和线性加速度，其数据在 sensor_msgs/Imu 消息中报告。当在平面环境中操作时，将 two_d_mode 参数设置为 true，这将自动将所有 3D 变量清零，如 Z、roll、pitch，以及它们各自的速度和 Z 加速度。可以从以下配置开始：

```
<rosparam param="odom0_config">[true, true, false,
                                false, false, true,
                                true, false, false,
                                false, false, true,
                                false, false, false]</rosparam>

<rosparam param="imu0_config">[false, false, false,
                               false, false, true,
                               false, false, false,
                               false, false, true,
                               true, false, false]</rosparam>
```

作为第一步，这是有道理的，因为平面机器人只需要关注：
X、Y、Z、roll、pitch、yaw、$X^{\cdot}$、$Y^{\cdot}$、$Z^{\cdot}$、roll$^{\cdot}$、pitch$^{\cdot}$、pitch$^{\cdot}$、$X^{\cdot\cdot}$、$Y^{\cdot\cdot}$、$Z^{\cdot\cdot}$
但是，需要注意以下内容。

（1）对于 odom0，包括 X 和 Y（在世界坐标系中报告），yaw，$X^{\cdot}$（在本体坐标系中报告）和 yaw$^{\cdot}$。但是，除非机器人在内部使用 IMU，否则很可能仅使用车轮编码器数据来生成其测量值。因此，它的速度、航向和位置数据都是从同一源生成的。在这种情况下，一般不需要使用所有值，因为要将重复的信息输入过滤器中，而只使用速度，就可以简化这一过程：

```
<rosparam param="odom0_config">[false, false, false,
                                false, false, false,
                                true, false, false,
                                false, false, true,
                                false, false, false]</rosparam>

<rosparam param="imu0_config">[false, false, false,
                               false, false, true,
                               false, false, false,
```

```
                                 false, false, true,
                                 true, false, false]</rosparam>
```

（2）注意到这里没有融合 Y。理论来说，这样做并没什么大的问题，因为机器人无法突然向侧面移动。但是，如果 nav_msgs/Odometry 消息报告 Y 的值为 0（并且 Y 的协方差未夸大为比较大的数据），则最好将该值提供给滤波器。由于在这种情况下，测量值 0 表示机器人无法朝该方向移动，因此它可以作为完美的有效测量值：

```
<rosparam param="odom0_config">[false, false, false,
                                 false, false, false,
                                 true, true, false,
                                 false, false, true,
                                 false, false, false]</rosparam>

<rosparam param="imu0_config">[false, false, false,
                                false, false, true,
                                false, false, false,
                                false, false, true,
                                true, false, false]</rosparam>
```

至此有一个问题，为什么出于同样的原因不融合 Z 速度？答案是将 two_d_mode 的值已经设置为 false 了，如果没有设置为 false，就可以将 Z 速度的 0 测量值融合到滤波器中。

（3）观察 IMU 可以看到，已经将 Y'' 设置为 false，这是因为大多数感知系统都不会记录 Y''，所以一般情况下 Y'' 的值默认设置为 false 就可以了。值得关注的是，IMU 可能会发送 Y 加速度的非零、噪声值，这可能会导致姿态估计产生漂移。

10.5.4 微分和相对参数

robot_localization 中的状态估计节点允许用户融合任意数量的传感器，这允许用户使用多个源来测量某些状态变量，尤其是位姿变量。例如，机器人可能会从多个 IMU 中获得绝对方向信息，或者它可能具有多个提供其绝对位置估计值的数据源。在这种情况下，用户有两个选择。

（1）照原样融合所有绝对位置/方向数据。例如：

```
<rosparam param="imu0_config">[false, false, false,
                                true, true, true,
                                false, false, false,
                                false, false, false,
                                false, false, false]</rosparam>
```

```xml
<rosparam param="imu1_config">[false, false, false,
                               true,  true,  true,
                               false, false, false,
                               false, false, false,
                               false, false, false]</rosparam>
```

在这种情况下，用户应非常小心，并确保正确设置每个测量方向变量的协方差。如果每个 IMU 公布的偏航方差为"math：0.1"，但 IMU 的偏航测量值之间的差异为"math：>0.1"，则滤波器的输出将在两者之间来回振荡。每个传感器提供的值，用户应确保每次测量周围的噪声分布重叠。

（2）使用_differential 参数。通过将给定传感器的此值设置为 true，可以通过计算两个连续时间步长之间的测量值变化，将所有位姿（位置和方向）数据转换为速度，然后将数据融合为速度。

注意：合并绝对测量值（尤其是 IMU）时，如果测量值对于给定变量具有静态或不增加的方差，则估计协方差矩阵中的方差将是有界的。如果将该信息转换为速度，则在每个时间步长处，估计将获得少量误差，并且所讨论变量的方差将无限制增长。对于位置（X, Y, Z）信息，这不是问题，但是对于方向数据，则是一个问题。例如，一段时间后，机器人绕其环境移动并在 X 方向上累积 1.5m 的误差是可以接受的。如果同一个机器人四处走动并在偏航中累积 1.5 弧度的误差，那么当机器人继续向前行驶时，其位置误差将爆炸。

_differential 参数的一般经验法则是：如果给定机器人只有一个方向数据源，则应将 _differential 参数设置为 false。如果有 N 个源，用户可以将 $N-1$ 个参数的_differential 参数设置为 true，或者仅确保协方差值足够大以消除振荡。